singular

JAVIER FRANZÉ
LA LÓGICA DEL PERONISMO

Una guía para espantados, encantados y desorientados

siglo veintiuno
editores

archipiélago
siglo veintiuno

españa
siglo xxi editores
www.sigloxxieditores.com
travesía bellver, 2, 28039, madrid

argentina
siglo xxi editores
www.sigloxxieditores.com.ar
guatemala 4824, c1425bup, buenos aires

méxico
siglo xxi editores
www.sigloxxieditores.com.mx
cerro del agua 248, coyoacán, 04310, ciudad de méxico

© 2025, Siglo XXI de España Editores, S.A.
Travesía Bellver, 2 - 28039 Madrid
Tel (34) 676 22 28 70
editorial@sigloxxieditores.com
www.sigloxxieditores.com

Diseño de cubierta e interior: Sebastián Sánchez Yáñez

1ª edición en España: septiembre de 2025

ISBN: 978-84-323-2120-7
Depósito legal: M-19002-2025

Impreso en España. *Printed in Spain.*

Índice

Introducción 13

PRIMERA PARTE: Las preguntas *europeas* 19

1. ¿El peronismo es de izquierda o de derecha? 21
   Izquierda y nacionalismo 21
   ¿Qué es lo nacional-popular? 30
   Las dos alas de lo nacional-popular 38

2. ¿El peronismo es democrático o autoritario? 57
   ¿Fascismo criollo o ideología argentina? 61

3. ¿El peronismo es popular o demagógico? 81
   El vínculo líder-pueblo: demagogia y psicología de masas 83
   La disputa peronista por la identidad peronista 99
   ¿Conceptos o pre-conceptos? 106

SEGUNDA PARTE: Lo invariante en el peronismo 115

Introducción. Ni unicornio, ni camaleón:
contra la excepcionalidad del peronismo 117

1. La gran transformación: romper con el desorden 123
   Igualdad como proceso de democratización 133

2. La patrimonialización del pueblo y de la nación   141

3. La traslación del poder   165

Conclusiones   189

Agradecimientos   203

Apéndices   205

Cronología   205

La lógica de lo político   227

Para seguir leyendo   231

*Dedico este libro a la honra sin alardes de mis viejos
y a Malena, mi hija.*

*A papá, que ya no está y no puede leerlo. Cuánto
me habría gustado que fuera el primero en hacerlo.
A mamá, que está pero ya no puede hacer aquello
que tanto disfrutó: leer.
A Malena. Quizá algún día, quién sabe, retome
a su modo mi conversación con su abuelo.*

No *l*os une el amor sino el espanto;
Será por eso que *se quieren* tanto
Jorge Luis Borges[1]

1 Fragmento de *Fervor de Buenos Aires* (1923) reinterpretado por el autor.

Introducción

Años atrás —desde luego, más de diez— solía comenzar mis clases de historia del pensamiento latinoamericano preguntando a los estudiantes por qué decir "lo que le faltó a la Argentina fue un buen partido socialista" nos sonaba sensato, pero imaginarnos a alguien diciendo "lo que le faltó a Francia fue un buen peronismo" nos arrancaba una sonrisa irónica.

Hoy el chiste ya no es tal. En los últimos quince años, más o menos, en España ocurrió aquello que nos sonaba a ironía aplicado a Francia: buena parte de la juventud más politizada pensó, de algún modo, que lo que le había faltado a España era "un buen peronismo", lo cual venía a querer decir —palabras más, palabras menos— que le había sobrado la Transición y el partido socialista.

Debajo de estas traslaciones de sentido de un país o de un continente a otro, latía la pregunta del millón: *¿qué es el peronismo?* Un interrogante que no sólo se han planteado alguna vez los españoles en particular y los europeos en general, sino —bastantes más veces, eso sí— los argentinos mismos y, más aún, los propios peronistas.

Si los europeos perciben casi siempre al peronismo como un enigma es por varios motivos. Uno es su perdurabilidad; nacido en 1945, el peronismo parece mantener su vigencia incluso cuando atraviesa momentos de bajamar electoral y política. Otro es su capacidad para mutar de piel; por ejemplo, del neoliberalismo de Menem en los años noventa al "populismo" de los Kirchner en los 2000. Aquí asoma su *flexibilidad* para albergar desde la extrema derecha hasta la izquierda revolucionaria. La perplejidad que provocan estos rasgos suele clausurarse con una sola hipótesis: la huella indeleble de un liderazgo carismático —de Perón y Evita, pasando por Menem, hasta los Kirchner— que seduce a unas masas tan crédulas como irracionales, encandiladas por la demagogia, funcionales a esos jefes políticos que sólo buscan el poder y sus privilegios.

Hoy en día a eso se lo llama habitualmente "populismo", un auténtico cajón de sastre donde encontramos demagogia, "iliberalismo", emotividad, irresponsabilidad fiscal y el gobierno de las personalidades en lugar del de las leyes e instituciones. Si además se refiere a un fenómeno situado en América Latina, ya casi no hay nada más que explicar, pues viene a confirmar su carácter *joven,* en el mejor de los casos, "atrasado" para una mirada todavía benevolente, y "bárbaro" según una perspectiva ya puramente eurocéntrica.

Sin embargo, esa mirada soslaya cuestiones decisivas. No indaga, por ejemplo, en la longevidad de los partidos socialistas europeos —fundados en el último tercio del siglo XIX— ni en su capacidad para adaptarse a contextos tan dispares como el anticapitalismo originario, el keynesianismo del Estado de bienestar o el giro neoliberal de los noventa. Tampoco se detiene en el hecho de que el Partido Popular español naciera con destacados exdirigentes franquistas, acogiera a democristianos, liberales y conservadores, y aun así se definiera como un "centro reformista". Del mismo modo, deja sin examinar el papel del liderazgo político en las democracias europeas consideradas "avanzadas" y "estables", en la reconstrucción del continente tras la Segunda Guerra Mundial y en la propia fundación de la Unión Europea

Es contradictorio tachar de irracional a un movimiento político por albergar tanto a izquierdas como a derechas y, a la vez, tomar como signo de seriedad y madurez que —por ejemplo— la socialdemocracia europea se haya inclinado por políticas neoliberales mientras seguía reivindicando la necesidad de profundizar el Estado de bienestar. Del mismo modo, sorprende que ciertas derechas europeas que se declaran centristas, liberales y cristianas minimicen la xenofobia, el machismo y el clasismo de las extremas derechas en ascenso. Aquello que mirando a Latinoamérica se condena como irracionalidad y crudo oportunismo —o incluso voracidad de poder proto-totalitaria— cuando sucede en Europa se alaba como flexibilidad, realismo y prueba de madurez: un gesto de "sentido de país" o de Estado.

Esta mirada no nace de un mero error lógico ni de una pura deshonestidad intelectual, sino de unos presupuestos que conviene revisar. El problema es que, de antemano, se asignan a los fenómenos de ciertas regiones rasgos que se juzgan impensables en otras. Tales presupuestos se solidifican en auténticos preconceptos que impiden reconocer la semejanza entre casos paralelos y, por el contrario, invitan a ver la paja en el ojo ajeno y no la viga en el propio.

Son esos preconceptos los que llevan a plantear determinadas preguntas para unos casos, pero no para otros similares. Cuando procedemos así, en realidad no estamos queriendo saber algo nuevo sino, inadvertidamente, *confirmar* un juicio previo, es decir, un prejuicio. Como cuando se pretende averiguar en qué países europeos se trabaja menos y se eligen como muestra Portugal, Grecia y España, bajo la presunción de que entre ellos debe de estar el que "trabaja menos", mientras se descarta a otros que, con el mismo sesgo, se consideran los "más trabajadores" (Alemania, Francia, Países Bajos, etc.).

En el reverso de esa misma moneda de prejuicios sobre el peronismo se ubican las interpretaciones que lo exaltan como incomparable, atribuyéndole una presunta capacidad única de interpretar y representar "lo nacional argentino". La arquitectura de ambas explicaciones es similar: el peronismo sería del todo extraño fuera de su contexto y, por lo tanto, tan inefable para un argentino como incomprensible para un europeo. Si para unos — los espantados— lo es por razones negativas, para otros —los deslumbrados— lo es por motivos positivos. Peronistas y antiperonistas chocan porque si bien coinciden en ver un carácter único en el peronismo, discrepan profundamente sobre su valor.

Evitar estos precipicios —tanto el de la anomalía como el de la originalidad— es lo que busca este libro. Para ello haremos el siguiente recorrido. La primera parte del texto está dedicada a responder las que denominamos *preguntas europeas*: aquellas que con mayor frecuencia se formulan, desde una mirada extranjera y "privilegiada", sobre el fenómeno peronista. Hemos seleccionado tres: las que se preguntan si el peronismo es de izquierda o de derecha, democrático o autoritario, y popular o demagógico. Como venimos sugiriendo, para ofrecer respuestas más o menos consistentes también tendremos que revisar los presupuestos que dan pie a las propias preguntas, a fin de determinar si no se trata, en realidad, de preconceptos que obstaculizan más de lo que ayudan a la reflexión. Además, examinaremos si tales preguntas son pertinentes solo para el peronismo o también para otros fenómenos políticos.

La segunda parte del libro aborda lo que consideramos tres rasgos invariantes del peronismo a lo largo de su historia. Primero analizaremos la idea-fuerza de *salir del desorden* como guía de la acción política —esto es, la convicción de que el caos reside en el régimen existente y de que la transformación social es la mejor forma de combatirlo. En el segundo capítulo, nos enfocaremos en la *patrimonialización del pueblo y de la nación*, es decir, la tendencia a identificar lo popular y lo nacional exclusivamente con el peronismo. Y finalmente, en el tercer capítulo, trataremos *la traslación del poder*: la idea de que la fuente del verdadero poder no radica en las instituciones formales, sino en los recursos económicos, políticos y sociales de la oligarquía y del imperialismo de los países del Norte, en especial Gran Bretaña y Estados Unidos.

Partimos de la idea de que el peronismo, como cualquier fenómeno político, admite múltiples interpretaciones y de que toda explicación debe adaptarse al interlocutor, es decir, conectar con los presupuestos de quien escucha. De ahí el objetivo central de este libro: exponer *la lógica del peronismo* de modo que resulte comprensible incluso para un lector europeo aun sabiendo que no existe un único peronismo ni una mirada uniforme sobre él, como tampoco todos los europeos parten de los mismos supuestos —ni, por supuesto, todos los argentinos tienen la misma percepción del peronismo—. En definitiva, huimos de cualquier reduccionismo: tanto del exotismo latinoamericanista como del eurocentrismo.

Naveguemos, pues, en este mar encrespado.

Primera parte:
Las preguntas *europeas*

1. ¿El peronismo es de izquierda o de derecha?

Quizá la pregunta que mejor sintetiza la extrañeza que el peronismo despierta —sobre todo en Europa— sea esta: ¿es un movimiento de izquierda o de derecha? Aquí se plantean varias cuestiones previas cuya revisión resulta indispensable antes de entrar de lleno en el peronismo mismo. Ante todo, debemos aclarar qué entendemos por izquierda y qué por derecha. No solo porque en las últimas décadas se haya puesto en duda la vigencia de esa distinción, sino porque la propia clasificación (nacida en la Revolución francesa) ya presentaba problemas mucho antes de ese debate reciente. Vamos a dedicar algunas páginas a diseccionarlos antes de entrar en detalle sobre nuestro caso.

Izquierda y nacionalismo

Un primer problema en la distinción izquierda-derecha es que no hay *una* izquierda y *una* derecha. Nunca las hubo. Ambas representan grandes corrientes con familias en su interior: comunistas, laboristas, trotskistas, maoístas, eurocomunistas y socialdemócratas a un lado; conservadores, liberales, democristianos, neoliberales y libertarios, al otro. Y esto sólo por nombrar las más obvias y simples, las que podemos encontrar habitualmente en nuestras democracias.

Otro punto importante, clave para nuestro caso, es si ser de izquierda significa lo mismo en cualquier país o zona geopolítica. La clasificación que solemos hacer de las izquierdas y las derechas —la que hice en el párrafo anterior— responde más al modelo europeo continental; pero el mundo anglosajón, por poner un ejemplo, tiene otras identidades políticas. Los laboristas ingleses nunca se asimilaron a lo que sería su familia más cercana, la socialdemocracia europea, pues concibieron la relación entre sindicatos y partido de un modo particular. Si para la socialdemocracia continental los sindicatos se subordinaban al partido, para el laborismo británico era más bien al revés: el partido era la voz de los sindicatos, al menos hasta el New Labour de Tony Blair, que por otra parte asumió muchos presupuestos neoliberales. Pero, sobre todo, el laborismo nunca fue marxista, y por lo tanto su relación con el capitalismo no fue tan enconada como para, al menos en sus orígenes, la socialdemocracia. Esto, curiosamente, acerca al laborismo al primer peronismo, como veremos… pero también acerca al peronismo a la socialdemocracia actual. Estados Unidos es el caso más notorio de "desviación" respecto de la clasificación ideológica europea. Los demócratas norteamericanos tampoco son asimilables a la socialdemocracia, menos aún que los laboristas, y aunque se reconocen en el término "liberal", no lo usan como lo haría un europeo. Pero no sólo porque en términos generales se situarían a la derecha de socialdemócratas y laboristas, sino debido a que su "progresismo" bebe más del liberalismo político que de la crítica del capitalismo y del libre mercado; por no hablar de su posición en política internacional. Aquí se ve otro caso de preguntas basadas en preconceptos: la particularidad del sistema de partidos norteamericano no se percibe, sin embargo, como una anomalía, sino como una especificidad legítima.

Si la forma europea continental de entender lo que es la izquierda y la derecha no es igual dentro del conjunto de los países centrales, tampoco significa lo mismo en los llamados "países periféricos". En especial, debido a que en éstos la llamada "cuestión nacional" es o ha sido vista como un asunto clave, y por tanto ha resignificado la noción misma de igualdad, pilar de lo que habitualmente se entiende por izquierda. En efecto, cuando buena parte de una comunidad política considera que aún no ha alcanzado la autonomía nacional necesaria para tomar sus propias decisiones, es probable que quienes luchan por la igualdad enarbolen las banderas del nacionalismo, pues lo consideran un requisito imprescindible de toda lucha por el bienestar popular. Esto se debe a que, en los países dependientes o periféricos, la posibilidad de distribuir la riqueza queda gravemente condicionada por los términos desiguales del intercambio en el mercado internacional. Un país dependiente —ya no hablemos de uno colonial o semicolonial— no es capaz de alcanzar los niveles de desarrollo económico (capitalista) que tuvieron los países centrales porque un pequeño sector (la habitualmente llamada "oligarquía", ya sea por razones económicas o políticas, o ambas) concentra la riqueza y se conecta con el mercado mundial (a las llamadas metrópolis) vendiendo productos primarios y recibiendo manufacturas. Esto provoca que esa oligarquía viva en el "primer mundo", mientras el resto de la sociedad lo haga en el tercero, y, además, impide el desarrollo industrial del país. Con ello obstruye la posibilidad de que la clase trabajadora haga un pacto de producción y consumo con los empresarios semejante al de la segunda posguerra europea. No por casualidad, esa conciliación de clases dio lugar en el Viejo Continente a los "Treinta Gloriosos" años de prosperidad, igualdad y paz alrededor del Estado de bienestar, pilar de la izquierda socialdemócrata y eurocomunista, pero tampoco ajeno a conservadores *sociales* (sus impulsores históricos, en realidad), socialcristianos o liberales de izquierda.

En realidad, la impronta nacional no ha resignificado únicamente a la izquierda en los países periféricos; también lo ha hecho en los países centrales. Esto se manifiesta, principalmente, de dos maneras. La primera —la más común— aparece en naciones sin Estado que viven dentro de un Estado nación al que no se sienten vinculadas salvo administrativamente; tal es el caso de la izquierda nacionalista vasca, catalana o gallega en España. La segunda se da en naciones sin Estado cuyos miembros están dispersos en varios Estados nación y buscan reunirse en un único territorio soberano: sería el caso del sionismo socialista dentro del movimiento sionista en general.

Pero el factor nacional alcanzó incluso a la izquierda de las naciones Estado plenamente constituidas en la Europa continental, cuestión especialmente relevante para nuestro tema: la especificidad del vínculo entre nacionalismo e izquierda en los países periféricos.

En efecto, apenas iniciada su trayectoria, la izquierda europea abandonó su internacionalismo originario y abrazó el nacionalismo, no para conseguir mayor autonomía, sino para respaldar a sus respectivos países en la Primera Guerra Mundial. Eso implicó enviar al frente a los trabajadores industriales —su propia base social— y avalar una contienda fratricida que, en los hechos, contradecía su ideario internacionalista, pues se trataba de una guerra interimperialista entre potencias que disputaban la explotación y el sometimiento de otros pueblos.

Se dirá que esto concierne sobre todo a la socialdemocracia, pues esa coyuntura determinaría la división de la izquierda y el surgimiento del ala comunista. Se objetará, además, que ese nacionalismo socialdemócrata era ya un signo de su claudicación ante el orden capitalista, burgués e imperialista. Podría ser, pero en todo caso el comunismo tampoco se vería libre de la cuestión nacional —ni en general en sus respectivos países, ni en particular en la Unión Soviética. En la URSS, además, tuvo lugar la disputa entre estalinismo y trotskismo, que en verdad representan dos estrategias opuestas para gestionar la cuestión nacional, y no la pugna entre un nacionalismo estrecho y contrarrevolucionario ("socialismo en un solo país") frente a un internacionalismo supuestamente fiel al legado de Marx y Engels. En cuanto al propio Marx, su relación con el nacionalismo es cuanto menos ambigua, sea cual sea la lectura que se haga de sus textos sobre México, India o Irlanda. En una interpretación, esos escritos vierten juicios negativos sobre tales países por su "atraso" —y positivos sobre las potencias imperialistas, portadoras del "progreso civilizatorio"—; en la otra, el internacionalismo marxiano descansa en una teleología histórica que poco se distingue del esencialismo del nacionalismo más tradicional. La otra gran experiencia comunista, el maoísmo, se fundió aún más con el nacionalismo, no solo en sus orígenes —que podrían verse como una lucha de liberación de un país periférico y rural—, sino también en su fase contemporánea como potencia mundial.

Además, hubo formas indirectas de nacionalismo a las que la izquierda europea se adhirió —el colonialismo decimonónico y el imperialismo del siglo xx—, que no solo quebraron el internacionalismo, sino que lo negaron: las clases populares de los países centrales vieron elevarse sus ingresos gracias, en parte, a los términos desiguales de intercambio en el mercado mundial. Asimismo, el eurocentrismo —otra variante de nacionalismo y colonialismo— ha permeado el pensamiento de esa izquierda, como han mostrado los teóricos de la poscolonialidad.

También cabe citar casos más puntuales, como el español, donde la izquierda estatal denuncia el nacionalismo, pero lo ejerce tácitamente bajo el rótulo de "constitucionalismo". En efecto, en España el nacionalismo explícito se tacha de anacrónico, poco europeo y, en última instancia, contrario al humanismo ilustrado. Siguiendo una geografía del conocimiento similar a la aplicada a los países periféricos, se lo relega a los márgenes —País Vasco, Cataluña y Galicia—, los llamados "nacionalismos periféricos". Esto, a su vez, encubre el potente nacionalismo central, españolista, del que participan no solo socialistas y comunistas, sino también conservadores y liberales.

Toda esta relación de la izquierda europea con el nacionalismo podría leerse como una traición a La Revolución y al proletariado; como una inconsecuencia de las direcciones partidarias o de las distintas Internacionales; o como el cinismo-oportunismo de las clases trabajadoras de los países centrales, que habrían vendido su alma asalariada al Fausto del intercambio desigual. Quiero, sin embargo, evitar ese enfoque moralizante. No se trata de maquillar nada, ni de "salvar" a la izquierda europea, ni de preservar el sueño socialista o comunista. El motivo es más sencillo: moralizar la política conduce a renunciar a la comprensión histórica. Por la misma razón, tampoco debemos moralizar midiendo el grado de izquierdismo de los movimientos de los países periféricos —en este caso, del peronismo—. Lo que está en juego no es juzgar, sino comprender la complejidad y diversidad de los acontecimientos históricos sin someterlos a una vara pretendidamente universal.

En esa dirección avanzó Gramsci cuando incorporó a su reflexión la cuestión nacional. No se debía a su inclinación ideológica ni a preferencias de valores, sino que derivaba de su comprensión de lo político como "hegemonía". Es decir, si el proletariado italiano aspiraba a ser clase dirigente, no podía bastarse a sí mismo ni preservar una supuesta pureza —si es que estaba libre de nacionalismo— mientras aguardaba convertirse en mayoría numérica. Debía, más bien, encarnar lo colectivo, y en ese marco lo nacional quedaba incluido. Ello no implica sacrificar el internacionalismo ni rebajar la conciencia de clase en aras del poder. Significa algo sencillo —aunque nada simple— y, a la vez, complejo: por un lado, que el ámbito de la lucha política es el comunitario y que las comunidades son nacionales; por otro, que la política —como decía Weber— se hace con la cabeza, pero no sólo con la cabeza, sino también con el corazón. La política —como la acción humana en general— no se divide en racional o irracional, como sostiene cierto discurso platónico prefreudiano; es una trama inextricable que podemos condensar en el término identificación.

Por lo tanto, si la socialización política se produce dentro de comunidades nacionales, la identificación con lo nacional resulta ineludible. Esto vale incluso para países donde —como advirtió Gramsci respecto a la cuestión meridional italiana— el Estado o la nación no están presentes en todo el territorio. Esa función, además, no chocaba con el internacionalismo obrero, porque la contienda hegemónica no se dirimía en el plano internacional: las decisiones se tomaban —para decirlo rápido— en el ámbito nacional. Insistamos: esto no denota ningún atraso (pensemos en el sur italiano). Hoy, la sociedad europea, que se percibe a sí misma como moderna y portadora de una historia, una cultura y una organización política comunes, todavía no logra constituirse en un sujeto político único —la Unión Europea—. El factor nacional sigue operando como elemento de diferenciación, incluso —insistimos— entre países que se consideran semejantes y desean converger en torno a un sistema democrático de mercado.

El problema no radica en el objeto de la identificación, sino en la identificación misma. No existen identificaciones mejores o peores, racionales o irracionales; sólo factores sedimentados históricamente, propios de cada época, que en su momento desempeñan un papel fundamental e ineludible (volveremos sobre esto más adelante). Nadie controla el proceso social: la política no es el simple reflejo de las intenciones de los actores, ni siquiera de quienes ostentan mayor poder. Es una combinación imprevisible —aunque susceptible de análisis— de los efectos de acciones presentes y pasadas, todo ello aderezado por la infatigable diosa Fortuna.

Si distintas izquierdas, en contextos y épocas diferentes, se acercaron a lo nacional aun cuando inicialmente desconfiaban de la nación como "trampa burguesa" que desviaba a los trabajadores de la lucha de clases, podemos concluir que, o bien todas ellas se quebraron ideológicamente y traicionaron a sus bases, o bien hay algo de la política moderna que, al constituir la comunidad nacional como espacio de la lucha política, liga *política, nación y nacionalismos.*

La forma plural "nacionalismos" es muy importante, pues —por razones que veremos más adelante— el nacionalismo, como cualquier otra bandera política, nunca es idéntico a sí mismo; su significado se redefine según el contexto histórico y las reivindicaciones con las que se alíe o se enfrente (puede ser burgués, como creía la izquierda en sus orígenes, o adoptar sentidos distintos).

Curiosamente —o quizá no tanto—, el nacionalismo aún despierta recelo como forma de identificación colectiva. Por ello se lo ve habitualmente como la mera expresión de un sentimiento, y no como la encarnación de un conjunto de ideas y valores, como sí sucede con otras ideologías modernas (liberalismo, socialismo, etc.). En ese sentido, corre igual suerte que las religiones, a las que se les niega ser una forma de entender el mundo. La perspectiva moderna-ilustrada, de la cual provienen las izquierdas, se apropió de lo racional y desde allí miró —y sigue mirando—, no sin superioridad moral, al nacionalismo y a las religiones como vestigios de un pasado bárbaro. De ahí que, para muchos, el hecho de que las izquierdas asumieran la identificación con lo nacional se perciba como una derrota y un extravío en lo irracional.

El extrañamiento que la relación entre izquierda y nacionalismo causa habitualmente a quienes miran a través de la clasificación izquierda-derecha europea ilustra bien el problema de plantear preguntas basadas en preconceptos que nos alejan del núcleo de un fenómeno político. Así es: sólo partiendo del presupuesto de que la relación entre izquierda y nacionalismo es contra natura y que jamás ha tenido lugar en Europa se tiende a formular la pregunta acerca del significado de un vínculo tan extravagante sólo y exclusivamente para ciertos movimientos y zonas del mundo. Fundamentalmente, las periferias: sea el Tercer Mundo, sean los contornos del Primer Mundo; en cualquier caso, todo aquello que, según esta mirada, no tome la forma de Estado-Nación moderna. Sólo lo irreconocible en uno puede resultar específico en otro. "Periferia" comienza a adquirir así un sentido normativo, para señalar aquello que se aleja —es decir, se desvía— de lo considerado ejemplar y universalmente válido. Estos presupuestos determinan una suerte de geografía política que distribuye, en un mapa normativo, lugares normales y anómalos o, en el mejor de los casos, "maduros" y "jóvenes" en términos de desarrollo político. Señalar la paja en el ojo ajeno impide ver la viga en el propio: como hemos sugerido, la conjunción de izquierda y nacionalismo no es exclusiva ni de países periféricos ni de situaciones de dependencia o colonialismo, sino constante en las democracias avanzadas y maduras de los países centrales. Veamos, ahora sí, cómo funciona en el caso del peronismo esta compleja relación entre izquierda y nacionalismo.

¿Qué es lo nacional-popular?

El peronismo interpretó a la Argentina como un país dependiente y oligárquico, dominado por una minoría terrateniente que había impuesto un modelo agroexportador que vendía a los países centrales materias primas y les compraba bienes manufacturados. Desde esa perspectiva, dicho patrón generaba dos efectos encadenados y decisivos: (1) impedía el desarrollo industrial —y, con él, la autonomía política y económica del país—; (2) bloqueaba el acceso de la clase trabajadora al consumo y al bienestar social, porque el centro de la actividad económica no era el mercado interno, sino el puerto de Buenos Aires, por donde salían granos y carnes al exterior. Argentina se había convertido en "el granero del mundo", lo que permitía a esa minoría oligárquica disfrutar de un nivel de vida material y cultural propio de las metrópolis con las que comerciaba, mientras relegaba a las mayorías populares en los planos económico, social, cultural y político.

Hay otro elemento muy relevante: el peronismo reconocía un antecedente en el radicalismo, el movimiento liderado principalmente por Hipólito Yrigoyen, que desde fines del siglo XIX había luchado por el sufragio universal (masculino) y la democratización del país. Su diagnóstico era muy similar al que luego haría el peronismo; se trataba de combatir a la oligarquía y su orden —al que denominó "el Régimen"— y de promover la democracia y la igualdad, tanto en lo político como en lo económico.

Según nuestra perspectiva, este es el punto de partida decisivo para empezar a responder la pregunta sobre el carácter ideológico del peronismo. Por un lado, porque el antecedente del radicalismo resta excepcionalidad al fenómeno, tanto para la interpretación condenatoria antiperonista como para la apologética properonista. Por otro lado, el peronismo tomó de los gobiernos radicales la idea de que la base del poder oligárquico residía en el modelo agro-exportador, un esquema que, a su juicio, los radicales no habían logrado transformar, más allá de ampliar la intervención estatal con la creación de empresas como YPF[2]. Esto hace que, a simple vista, el peronismo parezca dominado por una mirada materialista o incluso economicista. Su énfasis en la redistribución de la riqueza y el poder adquisitivo de los trabajadores no haría más que confirmarlo. Sin embargo, lo que en verdad caracterizará al movimiento fundado por Perón es la convicción de que la economía es política y, por lo tanto, que lo que prima es lo político y no lo económico; o, en todo caso, que lo económico es importante no en sí, sino porque es político. Volveremos sobre esta especificación más adelante.

De este modo, podríamos decir que la ideología peronista es lo que en América Latina se llama pensamiento o corriente "nacional-popular". No es una particularidad argentina, ni peronista. Como se ha dicho, en América Latina es una denominación común, identificable, familiar. Cabría afirmar que la Revolución Mexicana; el Partido Revolucionario Institucional (PRI); el cardenismo; el pensamiento de Haya de la Torre y la Alianza Popular Revolucionaria

---

2 Yacimientos Petrolíferos Fiscales, fundada como empresa petrolera estatal en 1922, durante la presidencia de Hipólito Yrigoyen (Unión Cívica Radical). En 1992 fue privatizada parcialmente durante la presidencia del peronista Carlos Saúl Menem. En 1999 fue comprada por la española Repsol, dando lugar a Repsol YPF. En 2012, la presidenta Cristina Fernández de Kirchner, también peronista, reestatizó el 51 % de la compañía. En la actualidad su composición es mixta, pues el Estado posee el 51 % de las acciones y el 49 % restante cotiza en la Bolsa de Buenos Aires.

Americana (APRA); en parte, el de Mariátegui; el batllismo uruguayo; el varguismo; Velasco Alvarado; el gaitanismo colombiano, y el Movimiento Nacional Revolucionario (MNR) boliviano integran la familia nacional-popular. Y, en Argentina, como vimos, el radicalismo yrigoyenista —incluso antes del propio peronismo— fue la primera expresión de lo nacional-popular.

El lector quizá se pregunte si lo nacional-popular no es, en realidad, simplemente otro nombre para el "populismo". Según el concepto de populismo que utilizamos aquí, no lo es. Siguiendo a Laclau, entendemos el populismo como una forma política que enfrenta a una mayoría —habitualmente "el pueblo"— con una minoría insensible —"la oligarquía"— y que puede rellenarse con contenidos ideológicos muy diversos e incluso opuestos (del lepenismo al chavismo, pasando por el fascismo italiano, el maoísmo o el masismo boliviano), según quién encarne al pueblo y quién a la oligarquía. Además, el populismo no constituye el contenido relativamente permanente —a pesar de sus variaciones— de una ideología. Lo nacional-popular, por el contrario, designa un contenido ideológico y programático relacionado—según Touraine[3]— con un modo específico de intervención del Estado.

¿Qué caracteriza esa intervención? Fundamentalmente, un Estado "keynesiano" —a veces incluso *avant la lettre*— que actúa con dos objetivos básicos: primero, fortalecer la economía nacional para reducir la dependencia de los países centrales; segundo, incorporar a los sectores

---

3 Touraine, A., "Las políticas nacional-populares", en *América Latina: Política y Sociedad,* Madrid: Espasa-Calpe, 1989, pp. 165-204.

populares al consumo y, en general, a la vida política. Ello se traduce en la nacionalización de recursos estratégicos (petróleo, gas, minería) y en un impulso estatal a una incipiente industria nacional —la Industrialización por Sustitución de Importaciones (ISI).

Esta estrategia requiere una alianza social antioligárquica entre la burguesía nacional, las clases trabajadoras y, en muchos casos, sectores del Ejército e incluso de la Iglesia, a fin de dinamizar el mercado interno. Es antioligárquica porque traslada el centro de la economía del mercado mundial —donde el país vende materias primas y compra manufacturas— al mercado doméstico, en el que los sectores populares consumen lo que producen los industriales nacionales.

En términos simples, lo nacional-popular podría traducirse como nacionalismo popular. Sin embargo, incorpora un rasgo constitutivamente anti-oligárquico que aquel no siempre tiene, como se ve cuando "lo popular" se reduce a reconciliar a todos los grupos por el mero hecho de ser nacionales —objetivo que persiguieron los fascismos europeos de entreguerras. Lo nacional-popular, por el contrario, redefine la comunidad: sitúa su centro no en las clases altas ni en la historia oficial, sino en los sectores desfavorecidos y en sus culturas, tradiciones y modos de vida.

¿No es todo esto —se podría objetar— una racionalización revestida de lenguaje cientificista para evitar decir lo que *realmente* es el peronismo? Aceptemos el desafío y precisemos el lugar de lo nacional-popular en la intrincada selva que dibuja el eje izquierda-derecha.

Volvamos entonces por un momento al principio. ¿Cómo evaluar si una política es de izquierda o de derecha? Lo primero es definir qué significan esos términos.

De modo sencillo, podría decirse que en la época moderna y dando por sentado el apego a la democracia, la izquierda tiene como valor principal la igualdad y en segundo término la libertad, mientras que la derecha invierte ese orden de prioridades. En ambos casos, el hecho de que uno de los valores ocupe el segundo lugar no significa una desvalorización de éste, ni mucho menos una indiferencia hacia su realización. Más bien indica que se lo concibe como un efecto del primero: esto es, que sin igualdad no hay libertad y viceversa, que sin libertad no hay una verdadera igualdad.

No adjudicamos a la derecha —como sería quizá esperable— el valor del orden porque éste, en un sentido, no es un valor sino un componente de lo político. En efecto, toda política se dirige a construir un orden, por eso no es privativo de una ideología o corriente. No obstante, es cierto que en otro sentido el orden tiene un componente de valor, pues puede adoptar formas muy diversas y algunas fuerzas políticas lo privilegian. Cabría decir entonces que, dentro de la derecha, la vertiente conservadora se encuentra más cercana a un orden jerárquico y comunitario-nacional, así como la liberal a un orden más centrado en la libertad individual y con un Estado limitado al papel de mera policía de tráfico. Por eso el conservadurismo no siempre es liberal en lo social, en lo cultural y, menos aún, en lo económico, pues ve en el individualismo un factor corrosivo de lo comunitario, que entiende como lo cohesionado alrededor de las tradiciones (nacionalismo, religión, costumbres).

Puede resultar contraintuitivo afirmar que el orden vale igualmente como requisito para la izquierda, a la que se le supone una actitud —más o menos radical—

de crítica del mismo. Sin embargo, el mejor ejemplo de que el orden está presupuesto en toda acción política es que la izquierda revolucionaria persigue justamente la construcción de un orden nuevo. *L'Ordine Nuovo* fue el periódico fundado por Gramsci en mayo de 1919 como vocero de los consejos de fábrica del *biennio rosso*, que buscaban reformar de raíz el orden social y político italiano; hasta 1925 sería el órgano oficial del Partido Comunista, fundado en 1921. Resulta más sencillo ver el vínculo con el orden en la izquierda habitualmente llamada reformista (la socialdemocracia), pero muchas veces esto se atribuye a que se la considera conservadora, es decir, no tan radical como la comunista o la extraparlamentaria, lo que mantiene intacto el supuesto de que radicalismo y orden serían incompatibles. Nuestro análisis discrepa: toda ruptura implica, en cualquier caso, una nueva construcción. En una comunidad puede haber desorden cuando el Estado no controla la situación, pero el orden político propiamente dicho solo se interrumpe con la guerra civil, que —por definición— representa una situación excepcional, un medio cruento para instituir ese orden nuevo.

A diferencia de las corrientes de derecha, para la izquierda el orden combina lo comunitario con lo horizontal, lo colectivo con lo igualitario, en lugar de lo individualista con lo jerárquico. De ahí que rescate en buena medida el liberalismo político —no así el económico—, aunque sin compartir su premisa de que el esfuerzo y el mérito individuales son la fuente de toda justicia; para la izquierda no hay individuo sin sociedad. O, dicho de otro modo, todo sujeto es producto de su contexto sin reducirse exclusivamente a él, como lo ilustró Sartre al preguntarse, frente a la acusación de que Voltaire era un burgués, por qué no todo burgués era Voltaire. La izquierda que valora el liberalismo político apuesta, en definitiva, más por la igualdad o la equidad que por la igualación.

Conviene añadir otra distinción: una cosa es izquierda y derecha como sustantivos —denominaciones de corrientes identificables con autores y épocas (el marxismo es paradigmático para la izquierda, pero no el único)— y otra muy distinta es utilizarlas como adjetivos. Podemos analizar si una política es socialista, liberal o conservadora y, en función de ello, clasificarla como de izquierda o de derecha; pero también podemos preguntarnos si unas políticas —más allá de su filiación doctrinaria— favorecen la igualdad o la libertad y en qué medida lo hacen.

Así, lo nacional-popular, en determinados contextos, puede resultar una política igualitaria aunque no se identifique con ninguna de las corrientes que hoy agrupamos bajo "la izquierda" e incluso mantenga un contenido abiertamente anticomunista, como sucedió con el primer peronismo. La distinción entre izquierda/igualdad como sustantivo y como adjetivo permite entender que ciertas banderas y aliados pueden contribuir, en un contexto particular, a una política orientada a la igualdad. Es decir, que contenidos como el nacionalismo y actores como la burguesía nacional, el Ejército o incluso la Iglesia no excluyen por sí mismos la posibilidad de una política igualitaria. Eso ocurriría solo si leyéramos de forma literal y esencialista a los actores sociales y las ideologías. Suele pasar cuando identificamos sin más la izquierda con su versión europea y la asociamos a laicismo, internacionalismo y clases populares, olvidando su valor adjetivo. Bajo esa mirada, nunca podríamos reconocer que las llamadas revoluciones burguesas —aunque no fueran "de izquierdas"— promovieron la igualdad; tendríamos que deducir, por su carácter burgués, una condición conservadora que resulta, como mínimo, incómoda y poco fértil para la reflexión histórico-política.

Las dos alas de lo nacional-popular

De la identidad nacional-popular del peronismo se derivan varios puntos clave para la comprensión de su perspectiva ideológica o de valores. Como dijimos, lo nacional-popular es una forma de intervención del Estado en la sociedad y en la economía, propia de América Latina y los países periféricos, aunque también presenta similitudes con el keynesianismo de los países centrales, porque en lo fundamental intenta resolver un problema parecido, el de la relación entre Estado y mercado en el capitalismo y su impacto en la igualdad social. De hecho —como señala Ranis[4]— el propio Perón comparaba su obra de reconstrucción nacional y social con el *New Deal* de Roosevelt. Al colocar al pueblo como centro de la nación a fin de cohesionar la sociedad a través de un modelo de acumulación basado en el mercado interno, este programa o forma de intervención estatal tiene dos componentes —lo nacional y lo popular— que según se prioricen, pueden dar lugar a una tendencia más de derecha (la nación) o de izquierda (el pueblo).

---

4 Ranis, P., "Early peronism and the post-liberal Argentine State", en *Journal of Interamerican Studies and World Affairs,* 21/3, 1979, pp. 313 – 338.

En el caso que nos ocupa, los sectores de derecha consideraban el peronismo —sobre todo durante la década clásica y aún en los setenta— una vía para incorporar a la clase trabajadora a la vida comunitaria sin poner en riesgo la nación. Por el contrario, sostenían que la reforzaba al vincular a los trabajadores con el Estado junto a la burguesía nacional, el Ejército e incluso la Iglesia. De este modo, los alejaba del comunismo y de otras vertientes de la izquierda, como el socialismo y el anarquismo, consideradas peligrosas para el orden social tanto por su contenido como por su supuesto carácter "importado" de los inmigrantes europeos —principalmente españoles, italianos y franceses—.

Esta derecha, muchas veces católica, desconfiaba del liberalismo político y, sobre todo, del económico, al que veía incapaz de frenar el avance del comunismo, esto es, la "desnacionalización" de los trabajadores. Para ella, la mayor virtud de Perón fue haber captado esa amenaza y haber ligado a los trabajadores al Estado mediante protección social y protagonismo sindical bajo estrecha tutela estatal. Lo nacional-popular aparecía como garantía de orden social y, con él, de salvaguarda de la nación frente a sus enemigos "sin patria": el capital y el comunismo. Este adversario se resumía en la palabra "antipatria", muy empleada por el propio Perón para designar a la oposición.

Por eso su posición resultaba compatible con un capitalismo nacional: un pacto social, avalado por el Estado, que reuniera a los "productores" —empresarios nacionales y trabajadores—. En consecuencia, el ala derecha nacional-popular confiaba en un Estado, guiado por el interés nacional, capaz de refrenar las tendencias disolventes del capitalismo liberal y del comunismo internacional. Era antiliberal, pero no marxista. Su antagonista era la oligarquía, acusada de "entreguismo" pro británico y pro norteamericano, no la burguesía, que podía ser nacional. Su sujeto histórico eran los trabajadores, siempre que estuvieran plenamente nacionalizados. Esta derecha tuvo sus expresiones extremas en la década clásica (1945-1955) con la Alianza Libertadora Nacionalista y, en los años setenta, a través de grupos internos al movimiento peronista como Guardia de Hierro o el Comando de Organización, autodeclarados enemigos del ala izquierda peronista encarnada en Montoneros[5]. Esto dio lugar a una suerte de

---

5 Montoneros fue una organización política armada peronista creada en 1970 que luchaba por el retorno de Perón al país, el levantamiento de la proscripción del peronismo (vigente desde 1955) y la celebración de elecciones libres. Ideológicamente se enmarcaba en lo que llamaba el socialismo nacional, el antiimperialismo y el tercermundismo, los que entendía eran una evolución propia del peronismo como nacionalismo popular basado en las clases trabajadoras. Hasta 1973 Montoneros contó con el apoyo táctico de Perón para golpear a la dictadura vigente en pos de la institucionalización democrática del país. Para el veterano general, Montoneros eran entonces "formaciones especiales". Una vez conseguida esa salida, ya con Perón en el poder, éste les instó a incorporarse a la rama juvenil del Movimiento. Montoneros no siguió esa indicación y discutió el rumbo político del propio gobierno de Perón, al que a la vez representó como rodeado de "gorilas" (antiperonistas) y como alguien proclive a Montoneros pero cercado por un círculo de colaboradores que le impedía actuar como quería. Lo que estaba en juego era el concepto de revolución: para Perón, como había sido en la etapa clásica, la misma se canalizaba a través de la democracia liberal representativa, mientras que para Montoneros esa vía era insuficiente. Perón dirimió la cuestión sin hesitaciones: cortó cualquier vínculo con Montoneros, los reprimió legal e ilegalmente y escenificó esa ruptura denostándolos en público en el acto del 1 de mayo de 1974, para en cambio enaltecer la labor organizativa y sostenida en el tiempo del sindicalismo peronista durante las casi dos décadas de proscripción del movimiento. La ruptura entre Montoneros

lucha fratricida en el seno del peronismo, que el propio
Perón comenzó a resolver apoyándose en el sindicalismo
tradicional, también anticomunista, e incluso en grupos
paramilitares como la Triple A (Asociación Argentina Anticomunista), liderada por su secretario personal y luego
Ministro de Bienestar Social, José López Rega.
Pero la derecha peronista tradicional fue perdiendo
peso desde la recuperación de la democracia en 1983.
En buena medida, la derrota en esas elecciones —las
primeras que el peronismo perdió en su historia— se debió, entre otras cosas, a los remanentes de esa derecha,
que estaban al frente de la conducción partidaria y ocupaban puestos clave como candidatos. Ya en los años noventa, caído el Muro y con el giro del menemismo hacia
el neoliberalismo, el fantasma del comunismo se diluyó.
Con el desplazamiento del peronismo hacia la izquierda
con el kirchnerismo, esa derecha no reapareció y quedó
en el olvido. Continuó habiendo una derecha peronista,
nacionalista y cristiana, pero su carta de presentación ya
no era el anticomunismo, sino un centrismo democris-
tiano social, receloso del liberalismo económico y de la
globalización, aunque no por ello se identificaba con el
kirchnerismo, al cual podía ver como una suerte de desviación de izquierda del peronismo verdadero.

---

y Perón por el sentido del peronismo ya sería insalvable. Dos meses
después de la muerte de Perón, ocurrida el 1 de julio de 1974, Montoneros volvió a la clandestinidad y reinició la lucha armada, ahora bajo
el gobierno de María Estela Martínez de Perón —más conocida como
"Isabelita"—, inicialmente vicepresidenta y que asumiera la primera
magistratura a la muerte de Perón.

La izquierda nacional-popular interpretó el peronismo como la elevación del pueblo —entendido básicamente como clase trabajadora— a sujeto político protagonista en un mundo dominado por un imperialismo originado en el capitalismo. En ese enfoque, la nación aparecía como baluarte antiimperialista frente a los "sin patria"—el imperialismo norteamericano y el comunismo soviético—, que tendían a disolver las particularidades nacionales o a despreciarlas como vestigios de barbarie. Esa izquierda fue ante todo antiimperialista y entendió el imperialismo como expresión del capitalismo. Por ello su enemigo central era Estados Unidos; durante los años sesenta y setenta se solidarizó con los pueblos del Tercer Mundo en su proceso de liberación nacional, relegando a un segundo plano la relación con el bloque soviético, al que rechazaba o, cuando menos, no se sometía. Si a Estados Unidos lo señalaba como insignia y escudo del capitalismo, en la Unión Soviética veía el resultado de la lucha del pueblo ruso contra el zarismo —asimilable a una oligarquía— y el intento de construir una nación, aunque reconocía que aquello había derivado en un poder burocrático, repudiado por confiscar la autonomía política del pueblo ruso y su revolución. En la misma línea reivindicó las luchas populares del Tercer Mundo durante la descolonización de los sesenta; Cuba se convirtió en emblema —no necesariamente en guía— porque lo que se buscaba era respetar "las vías que cada pueblo encuentra para su liberación nacional y social".

En términos históricos generales, desde su fundación hasta hoy el peronismo se desplazó gradualmente hacia la izquierda. Durante la década clásica funcionó como un nacionalismo popular entre laborista y rooseveltiano; en los sesenta y setenta —tras su derrocamiento, proscripción y persecución— giró hacia un antiimperialismo antinorteamericano inspirado en el Tercer Mundo, momento de auge de la izquierda peronista, alentada primero y luego anulada por el propio Perón. En los ochenta retornó a posiciones de centro-derecha apoyado en el sindicalismo tradicional, hasta que la derrota de 1983 abrió paso a la Renovación, un socialcristianismo encabezado por Antonio Cafiero. Esa Renovación, que tomó distancia del sindicalismo, quedó derrotada internamente por una línea más tradicionalista —el peronismo clásico de Carlos Menem—, quien ganó las elecciones de 1989 con un discurso desarrollista y nacionalista para adoptar inmediatamente el neoliberalismo al llegar al poder.

En el siglo XXI el peronismo volvió a recostarse sobre su ala izquierda: el kirchnerismo, que articuló un discurso antineoliberal y antimenemista y, con muchos matices, recuperó —en la ola populista latinoamericana de Chávez, Correa y Evo Morales— temas nacionalistas antiimperialistas, ahora en clave antiglobalización, sin por ello rechazar a la socialdemocracia europea, de la que incorporó demandas feministas y ecologistas.

La derecha y la izquierda nacional-populares son keynesianas, antiimperialistas, y recelan del liberalismo económico. Ambas entienden la democracia más como expresión de la nación y del pueblo que como división de poderes, imperio de la ley y gobierno limitado, pues interpretan que estos principios pueden servir a menudo en los países periféricos dominados por la oligarquía y el imperialismo como coartada para debilitar el poder popular y corroer la independencia de la nación. Por eso, a diferencia de la izquierda y la derecha europeas, el componente católico une y no separa a ambas alas nacional-populares, porque nutre su preferencia por lo comunitario, que ven amenazada por el individualismo liberal, sobre todo en lo económico, aunque también en lo político.

De ahí que, por ejemplo, no resulte incompatible, especialmente para la derecha nacional-popular, interpretar la revolución cubana y su asociación con la URSS como un intento de preservar la soberanía nacional frente al enemigo principal, el imperio norteamericano. Pero, otra vez, en nombre de las particularidades de cada país, ninguna de las dos alas lo señalará explícitamente como modelo a aplicar en la Argentina, donde el peronismo gobernó siempre con las instituciones democráticas liberales y representativas.

Lo nacional-popular es la ideología y el programa de fuerzas políticas que entienden que la soberanía nacional está todavía por construir, más allá de que haya habido un proceso formal de independencia —en este caso, del Imperio español en el XIX—. Desde la perspectiva liberal-republicana —credo central de las derechas, base ideológica de las izquierdas clásicas y del radicalismo argentinos— era casi inevitable que el peronismo fuera visto como un "fascismo criollo", pues ponía en primer plano el nacionalismo, lo reunía con lo popular y además lo hacía pivotar sobre un liderazgo carismático[6], todo lo

---

6 Para nosotros, siguiendo a Weber, el liderazgo carismático no tiene relación con aquello que se lo relaciona habitualmente: una suerte de caudillismo autoritario que apela a la irracionalidad de las masas para manipularlas en su propio interés. Entre otras cosas, porque carisma no equivale a la cualidad del líder de hipnotizar a las masas, sino el

cual era visto como una amenaza al gobierno de la ley y a la separación de poderes; es decir, como el preludio de lo que en el XIX argentino se llamó "tiranía" y en el XX occidental se comenzó a denominar "totalitarismo". Hay un elemento antiautoritario en esta perspectiva liberal-republicana que resulta coherente con los ideales de la democracia y, más aún, de una democracia social. Pero también hubo allí una importante incomprensión de algo en apariencia nuevo pero que, en el fondo, no lo era tanto, pues como ya se ha dicho, el radicalismo había sido un partido nacional-popular dotado de un liderazgo carismático. Por su parte, la propia Generación del Ochenta se identificaba como un conjunto de presidentes y líderes de la primera línea dirigencial; además, su método de sucesión consistía en la designación personal; y, finalmente, muchos integrantes escribieron la historia argentina en clave de grandes personalidades, contribuyendo así a construir el panteón nacional. Esta mirada liberal-republicana, que sirvió de base al antiperonismo, no es muy diferente de la habitual en Europa, donde la importancia del nacionalismo en los países periféricos sigue atribuyéndose más bien a una suerte de infradesarrollo político, ideológico e intelectual propio de "países jóvenes", que a una forma de interpretar la situación de los países del Tercer Mundo en un sistema mundial

---

reconocimiento por parte de las masas —como tipo de legitimidad que es— de que el líder tiene unas cualidades excepcionales para la política. No es de arriba abajo, sino al revés. Y no depende de lo que el líder sea o haga, sino de cómo sea visto por las masas, más allá de que tenga o no esas cualidades. Véase Weber, M., *Sociología del poder. Los tipos de dominación,* edición de J. Abellán, Madrid: Alianza, 2007, pp. 113-127.

dominado por los países centrales. Así, esta perspectiva eurocéntrica dominante en Europa detecta en el nacionalismo popular una tendencia antidemocrática por su presunta concepción antipluralista del pueblo y de la nación, unificados por la palabra definitiva del líder.

Como se ve, el nacionalismo popular suele ser tachado de antidemocrático por dos motivos opuestos: por su presunta tendencia a homogeneizar al pueblo y por inclinarse a tejer alianzas entre sectores —burguesía y clase trabajadora— cuyos intereses parecerían antagónicos.

Dijimos antes que la perspectiva nacional-popular parte de la idea de que la soberanía nacional es un proceso inacabado. Las revoluciones y los procesos de independencia o liberación suelen sostenerse en alianzas heterogéneas —sociales e ideológicas— que, a grandes rasgos, podríamos clasificar en alas izquierda y derecha. Esa convergencia no busca recortar el pluralismo, sino alcanzarlo, pues se considera que no hay soberanía popular sin auténtica soberanía nacional. Logrado el objetivo principal, no es raro que estallen pugnas internas: se abre entonces la disputa sobre cómo organizar la comunidad que se aspiraba a construir. A fin de cuentas, eso fue la Guerra Fría y también lo ocurrido tras algunas independencias latinoamericanas o las luchas de liberación del Tercer Mundo.

Un ejemplo reciente lo ofrecen las fuerzas independentistas catalanas: Junts per Catalunya, de derecha, y Esquerra Republicana de Catalunya, de izquierda. Algo similar sucede en el País Vasco, con el PNV (centro-derecha) y Euskal Herria Bildu (del centro-izquierda a la izquierda radical). A estas coaliciones se les reprocha, como al peronismo o a otros nacionalismos populares latinoamericanos, que el acuerdo entre izquierdas y derechas sería fruto de un odio irracional "a España" o de resentimiento contra las élites. También se les acusa de oportunismo, signo —se dice— de una inescrupulosa sed de poder. La crítica resulta llamativa porque señala a los mismos actores simultáneamente por ciega irracionalidad (odio) y por fría racionalidad (cálculo político). Además, quienes denuncian esa supuesta incoherencia suelen ser los mismos que exaltan el consenso entre izquierdas y derechas cuando se trata de pactos centrados en "el bien común". En España, PP y PSOE coinciden en esa censura invocando el "constitucionalismo" frente al "nacionalismo periférico". En Argentina, los detractores del peronismo se autodefinen "republicanos" frente a un presunto autoritarismo iliberal. En ambos casos, la crítica se formula en un eje (constitucionalismo vs. nacionalismo; republicanismo vs. iliberalismo) distinto del eje izquierda-derecha... por el cual, paradójicamente, también se cuestiona tanto al peronismo como a los "nacionalismos periféricos".

En el fondo el problema es que la política, en especial la democrática, obliga a priorizar objetivos y, en virtud de eso, exige —en buena lógica pluralista— reunirse con aquellos que luchan por lo mismo. Esto es lo que hacen todas las fuerzas en pugna: ya decía Aristóteles que el miedo compartido concilia incluso a los enemigos acérrimos. Pero sólo algunas fuerzas lo pagan con reproches. ¿Acaso se criticó a las democracias occidentales por pactar con un régimen que consideraban totalitario —la URSS— para derrotar a otro totalitarismo, el nazi, percibido como una amenaza mayor? ¿Se les reprochó haber consolidado en Yalta la esfera de influencia soviética que luego se afanarían en contener durante medio siglo, con riesgo para su propia seguridad y la del mundo? Resulta evidente que ese tipo de crítica carecería de sentido político o democrático.

Esa unión entre soberanía popular y nacional ha sido, por otra parte, la base de las "revoluciones burguesas" europeas que alumbraron la democracia política. Por lo tanto, cabe criticar el supuesto nacional-popular de la soberanía por considerarlo inconcluso; lo que no resulta coherente es impugnarlo como signo de debilidad ideológica por su intento de aliar actores diversos o conciliar intereses sociales, salvo que esa misma crítica se extienda a los casos europeos y a los de otras latitudes. Tales procesos sólo parecerían "irracionales" si lo que siempre estuviera en juego fuera, sin excepción, la redistribución de la riqueza dentro de una democracia liberal representativa, y además en las condiciones de normalidad europeas posteriores a la Segunda Posguerra. Pero la historia no se repite ni adopta la misma forma en todas partes.

En definitiva, lo que sea la izquierda y la derecha es relativo a lo que esté en juego políticamente en una comunidad en un contexto determinado, particular, histórico e intransferible. Esa coyuntura es interpretable, discutible, no evidente: por eso es política. Cualquier análisis debe partir de identificar la diversidad de presupuestos desde los que puede interpretarse una realidad histórica, sobre todo cuando se trata de contextos distintos del propio. Así se devuelve racionalidad al proceso, pues la "solución" programática propuesta —lo nacional-popular— tiene que ver —como siempre— con un modo de entender la problemática que se está enfrentando.

Pero, además, y para continuar nuestra crítica de las preguntas basadas en preconceptos, hay que decir que en cualquier partido político europeo es distinguible una izquierda y una derecha en su interior. En especial, cuando el conflicto redistributivo se cruza con el nacional. El caso de España es ilustrativo al respecto. Los propios partidos de izquierda suelen agitarse en su interior a propósito de la cuestión nacional. Basta recordar la división generada en el interior del partido socialista a partir del gobierno de Rodríguez Zapatero (2004-2008 y 2008-2011) por el nuevo *Estatut Catalán* de 2006. Esta división continuó más adelante, bajo el liderazgo de Pedro Sánchez, entre los nuevos dirigentes del partido y la llamada "vieja guardia" (Felipe González, Alfonso Guerra, Juan Carlos Rodríguez Ibarra o Joaquín Leguina, entre otros), más proclive al nacionalismo español y a una posición de no negociación con catalanistas y nacionalistas vascos.

En la historia argentina todas las formaciones políticas relevantes han tenido alas internas diferenciadas e incluso contrapuestas. Sin ir más lejos, todos los partidos de peso se dividieron alrededor de 1955, con el derrocamiento de Perón, en virtud de cómo comprendían al peronismo y de la posición política que tomarían respecto de ese movimiento en los años sucesivos. De la UCR surgieron dos partidos, liderados por sus máximas figuras de la década peronista: el primero, más a la izquierda, encabezado por Arturo Frondizi —quien sería elegido presidente gracias al voto peronista pese a la proscripción del movimiento—; el segundo, más a la derecha y antiperonista clásico, dirigido por Ricardo Balbín. En el Partido Socialista habrá también divisiones durante la década peronista, que terminarán por dar lugar a dos partidos, uno más de izquierda y comprensivo con el fenómeno peronista, y el otro más liberal y antiperonista acérrimo. Radicales y socialistas ya habían tenido corrientes internas diversas antes del peronismo. En el caso del radicalismo, encabezadas por los dos presidentes de la época anterior al peronismo: Yrigoyen y Alvear. En el caso del socialismo, los socialistas independientes formaron parte de las transformaciones económicas de la llamada "Década infame"[7], merced a su figura central, Pinedo. También conservadores y comunistas, y aun la llamada "Generación del Ochenta" reconoció tendencias distintas en su interior. Lo importante es que, en todos los casos, tal como ocurriera en el peronismo, las distintas orientaciones no renunciaban a la identidad general que las cobijaba, sino que, por el contrario, se reclamaban como sus mejores representantes.

---

7 Se llama "Década infame" al período 1930-1943, que va del golpe de Estado que derrocó al presidente constitucional Hipólito Yrigoyen (Unión Cívica Radical) al golpe de Estado de 1943 que desaloja del gobierno al presidente conservador Castillo. El nombre se debe al periodista nacionalista José Luis Torres, quien publicó un libro homónimo en 1945. La denominación, generalizada pero más cercana a la perspectiva nacionalista popular, responde a varios motivos: 1) el origen golpista del periodo, que interrumpe la primera experiencia democrática argentina iniciada en 1916, marcada por políticas nacional-populares; 2) el golpe busca devolver el poder político a los sectores sociales dominantes, que recurren al fraude electoral sistemático para garantizar el triunfo de sus candidatos, los de la Concordancia, alianza de conservadores, radicales anti-yrigoyenistas y socialistas liberales; 3) las relaciones económicas con Gran Bretaña (pacto Roca-Runciman) son vistas por los nacionalistas populares y la izquierda como la instauración de una subordinación semi-colonial. El Golpe de 1943, promovido por el Grupo de Oficiales Unidos (GOU), en el que participaba activamente Perón, convocará finalmente elecciones libres para 1946, dando inicio al período peronista.

Desde ese punto de vista, el peronismo no sería original ni excepcional e incluso podría, por una parte, asimilarse a las políticas socialdemócratas y socialcristianas del pacto social de la segunda posguerra. Aunque no sólo: cabe recordar que el Estado de Bienestar es inicialmente una creación de conservadores "sociales" como Bismarck en Alemania y Beveridge en Inglaterra. Más aún: algunas instituciones identificadas con la letra y el espíritu consensualista del Estado Social de Derecho, como las mesas de diálogo social entre empresarios y sindicatos, provienen del fascismo. Es evidente que no fueron creadas con iguales propósitos, pero también que algunas preocupaciones son compartidas, como la "conciliación" de intereses de clase como pilar del orden social. Y, por otra parte, la capacidad del peronismo de albergar tendencias diversas en su interior no sería tampoco tan singular, si se analiza qué ocurre en otras latitudes cuando la cuestión nacional cobra intensidad. En todos los casos hay un elemento común: el fortalecimiento del poder estatal a fin de construir una sociedad cohesionada que permita la realización convergente y no contradictoria entre interés popular e interés nacional.

Lo que quiero subrayar es que, una vez puesta en cuestión la presunta originalidad total del peronismo —afirmada tanto por sus detractores como por sus apologetas como maldición o bendición nacional respectivamente—, o se reconocen semejanzas con todos los movimientos y fenómenos histórico-políticos mencionados, o con ninguno. El análisis y la comprensión no admiten el beneficio de inventario.

Como ya hemos dicho, el nombre "nacional-popular" condensa bien el objetivo programático e ideológico: se trata de reunir lo nacional con lo popular o, dicho de otro modo, que lo popular pase a ser el corazón de lo nacional, sustituyendo así a la oligarquía. El "problema" es que el peronismo reunió nación y pueblo justo cuando en el mundo esto mismo es lo que venían haciendo los fascismos alemán e italiano con el propósito de edificar un parapeto contra la alianza entre clase trabajadora e internacionalismo, propia de la izquierda revolucionaria. Esto determinará, en buena medida, la sospecha propia del antiperonismo (tanto de izquierda como de derecha) de que el peronismo era un fascismo criollo y, por lo tanto, que sólo podía ser una "pseudoizquierda". Ésta es la mirada dominante en Europa todavía hoy.

Las interpretaciones menos críticas verán en el peronismo un mero *gatopardismo* (bonapartismo), esto es, una estrategia de conquista de las masas a través de la demagogia y la prebenda del líder carismático para, nacionalizándolas, evitar "la revolución socialista". Desde la perspectiva del propio peronismo, esa reunión de pueblo y nación era la estrategia adecuada para un país periférico, dependiente, pues en ese contexto la defensa de los intereses populares debía ligarse indefectiblemente a la independencia económica nacional, requisito a su vez de una auténtica soberanía nacional. Ésas, precisamente, eran lo que Perón denominó las "tres banderas" que sintetizaban los fines del movimiento: Soberanía Política, Independencia Económica y Justicia Social.

En definitiva, sin identificarse con la tradición de izquierda ni ser reconocido como parte de ella, el peronismo ha privilegiado históricamente un valor por encima de los demás: la igualdad.

Esto puede sonar raro y hasta incoherente, porque asociamos la política con las intenciones de los actores y no con los efectos sociales de sus acciones. ¿Cómo podría alguien favorecer la igualdad sin ser de izquierda? Pues porque no existe *la* izquierda y porque ningún valor es patrimonio de una ideología ni de un actor social, sino que se puede interpretar de diversos modos y encarnar en distintas acciones y proyectos. La política es creación y contingencia, no la puesta en práctica de valores objetivos, trascendentes o eternos, sino el intento de realizar en contextos inéditos y cambiantes unos ideales inventados por nosotros mismos. La necesaria adaptación de los fines a esas circunstancias no es de por sí traición a la integridad de los principios ni oportunismo ansioso de poder, aunque así hemos aprendido a pensar lo político con la tradición occidental dominante, desde los clásicos griegos a la Ilustración, de la cual derivan las principales ideologías modernas.

Como el peronismo no provenía ni se reclamaba de la tradición de la izquierda europea ni latinoamericana y entendió de entrada que la política es creación y que en el arte no hay límites, no tuvo mayor problema en afirmar la igualdad, entendida como justicia social, como un factor central del orden. O, mejor dicho, y como veremos más adelante, como factor clave para salir del desorden en el que —según la perspectiva de Perón— estaba sumida la Argentina de su época.

El peronismo le dio un significado diferente al valor de la igualdad: ¿por qué la igualdad debería tener el sentido que le daba la izquierda? En efecto, la igualdad no fue entendida por el peronismo al modo de esa izquierda clásica, como resultado del problema de la propiedad de los medios de producción y su contracara, la explotación del trabajo asalariado, sino como un derivado de la redistribución de la riqueza producida por el capitalismo. Pero, sobre todo, la igualdad fue entendida por el peronismo como reconocimiento de la dignidad y la relevancia de los trabajadores en la vida comunitaria. El peronismo interpretó la igualdad material como resultado de la igualdad subjetiva. Éste fue el punto de mayor diferencia con la izquierda marxista de su tiempo, que pensaba —en clave determinista de "estructura y superestructura"— lo subjetivo como resultado de lo material. Quizá por eso Laclau dijo que el peronismo le había servido para entender a Gramsci.

Debido a ello esa izquierda suele reprocharle al peronismo no haber atacado las causas de los problemas sociales, la "estructura económica" capitalista, definida por la propiedad privada de los medios de producción —que, en el caso de Argentina, incluiría el latifundio—, sino limitarse a abordar las consecuencias (redistribución) del sistema para, en el fondo, salvarlo. Por su parte, la derecha liberal le achaca al peronismo su estatismo contrario al libre mercado, que además de económicamente ruinoso redundaría—siempre según esta perspectiva— en el aumento del poder estatal, con el consiguiente cercenamiento de la libertad individual.

Ante estas críticas, puede decirse que lo que hizo el peronismo fue nacionalizar tanto a los trabajadores como al propio capitalismo.

La "comunidad organizada" era una alianza de clases dentro de un capitalismo regulado y nacional: una conciliación entre trabajo y capital que procuraba reequilibrar la sociedad mediante la justicia social —entendida como redistribución— y una producción convertida en gran empresa nacional, opuesta al rentismo oligárquico, tildado de individualista, privatista y proimperialista. Pero en el contexto argentino de la época —tras años de explotación económica y de clausura de la participación democrática en plena modernización capitalista— conciliar capital y trabajo y nacionalizar a la clase obrera suponía incrementar, y no reducir, el poder político relativo de los trabajadores frente a los demás sectores sociales.

Así, el peronismo combinó igualdad con orden y también con una cierta jerarquía, no ya concebida al modo conservador de sangre, dinero o tradición, sino de actores orgánicamente relacionados entre sí para el cumplimiento de funciones sociales y productivas y fines políticos. Entre ellos, el principal definido por el ideario peronista: la felicidad del pueblo y la grandeza de la nación. Esto era lo que Perón llamaba una comunidad organizada, en la cual los trabajadores adquirieron un protagonismo inédito, al menos en la historia argentina, pues ahora eran "la columna vertebral del movimiento". Para construir esa comunidad, la igualdad, entendida como reconocimiento del lugar clave de los trabajadores en la vida nacional fue el principal valor impulsado. El peronismo puede ser identificado entonces como un nacionalismo popular igualitarista, antiimperialista y antioligárquico. Sin pertenecer a la izquierda, hizo políticas igualitaristas que resignificaron lo popular como lo no necesariamente ligado a la clase, sino al pueblo y a la nación.

Para responder si el peronismo ha sido de izquierda o de derecha colocamos como criterio la pregunta por los valores que han guiado su acción política. Y como identificamos el de la igualdad como representativo de lo que sería la izquierda, no podemos dejar de preguntarnos además por el carácter democrático del peronismo, pues finalmente, en términos democráticos, la igualdad política resulta inescindible de la igualdad en general. Por eso ahora habrá que responder al interrogante sobre el carácter democrático o autoritario del peronismo, que no casualmente es la otra gran pregunta *europea* sobre este movimiento político argentino.

2. ¿El peronismo es democrático o autoritario?

Un rasgo que históricamente se le critica al peronismo y que cuestiona su supuesta apuesta central por la igualdad es su relación con el Estado de Derecho y, por ende, con la democracia liberal representativa. Esa crítica consiste en señalar que el peronismo fue y es autoritario y, por tanto, no representa un avance del valor de la igualdad, pues este —como dijimos— supone, en la modernidad, la democracia y el Estado de Derecho. Como hemos podido observar, el modo en que se diagnostica el contexto resulta decisivo para las distintas interpretaciones del vínculo entre lo nacional y lo popular. Y, a la vez, generará una diferencia de apreciación respecto del significado histórico del liberalismo, principalmente del económico, pero también del político. En América Latina en general, y en Argentina en particular, aquellos sectores que la corriente nacional-popular históricamente identificó como "la oligarquía" —la alta burguesía terrateniente— se auto percibieron como liberales, tanto en lo económico (en su lógica agroexportadora eran partidarios del libre mercado internacional) como en lo político (aunque restringieron, cuando no directamente cancelaron, la democracia y el Estado de Derecho). Así, el liberalismo quedó en el contexto latinoamericano asociado prácticamente a lo contrario que en los países centrales, en los cuales se identificó con las llamadas revoluciones burguesas, esto es, con la construcción del Estado de Derecho y con la soberanía popular y la democracia, todo lo cual —conviene remarcarlo aquí— permitía la autonomía de la nación.

De este modo, ciertas tendencias de la corriente nacional-popular —como en general el peronismo— a diferencia de otras más liberales —como el *batllismo* uruguayo o el radicalismo argentino— vieron en el liberalismo —desde luego en el económico, pero también, aunque menos, en el político— una ideología de clase, propia de minorías privilegiadas, excluyentes de lo popular. El peronismo llegó a concebir a la democracia más como voluntad/gobierno del pueblo, que como gobierno limitado. Por eso el peronismo jamás puso en duda la democracia como valor, sino más bien al contrario, hizo gala de ser el partido mayoritario al que sus adversarios y enemigos sólo podían desalojar del poder cancelando la voluntad soberana del pueblo. Además entendió que los sectores autodenominados liberales invocaban la república —gobierno de la ley y división de poderes— como una excusa para minar la realización de la voluntad popular y así conservar sus privilegios elitistas.

Esta manera diferente de comprender y valorar el significado histórico del liberalismo constituye uno de los núcleos de la contraposición ideológica entre peronismo y antiperonismo en la Argentina. Porque, en efecto, el antiperonismo, sea de izquierda o de derecha, comparte una base liberal en sentido político, entendida casi como mero sinónimo de democracia. La izquierda socialista y comunista, y también el radicalismo, sobre todo en los años del "peronismo clásico" (1943-1959, desde el Golpe de junio hasta la Revolución cubana) interpretaron el movimiento de Juan Perón como un fascismo criollo, igual que lo hacía el antiperonismo de derecha. Ambos criticarán su estilo político, en especial la relación entre partido y Estado, y entre líderes y masas, en buena medida desde una mirada "ilustrada". Según ésta, la incorporación de las masas a la vida política debía ser un proceso gradual dependiente de una previa "educación", que muchas veces coincidía con la "cultura oficial", portadora del gusto oligárquico y burgués. En todo caso, la izquierda y el progresismo cuestionaron algunos rasgos elitistas, pero no el núcleo de ese imaginario. Esas contribuciones de las clases dominantes a la humanidad no debían caer con la sociedad burguesa, sino ser superadas, es decir, conservadas en la transformación hacia una sociedad nueva. En ese aspecto, el peronismo fue rupturista, plebeyo, pues cabe decir que legitimó la cultura popular tal como era, sin pretender "oficializarla", "reformarla" o sustituirla por la oficial a través de un proceso de "elevación" de los sectores populares. Esa cultura peronista, por cierto, no fue rupturista por ejemplo con el consumo, pero sí legitimó la vida y los gustos populares (trabajo, familia, casa propia, turismo, fútbol, box, automovilismo). En el peronismo no tuvo lugar la idea revolucionaria del "hombre nuevo"[8] típica de la izquierda, sino que más bien su preocupación era el reconocimiento estatal y comunitario de la dignidad que los sectores populares ya tenían por el hecho de ser personas y, además, "descamisados" argentinos. En

---

8 Agradezco la sugerencia de esta idea a Gastón Soroujón.

este punto se hace visible el componente cristiano del peronismo, incompatible con cualquier vanguardia, sea liberal-ilustrada, sea socialista.

Pero si vamos a la interpretación del acontecer histórico, nos encontramos con más paradojas alrededor de la peculiar relación entre liberalismo político y peronismo. Una de ellas es que el peronismo se presentará como el responsable de recuperar las instituciones democráticas liberales, tanto en la década de 1940, como en la de 1970. En la primera, cerrando una década larga que, en el mejor de los casos, cabría caracterizar como semidemocrática. Esos años fueron los de un intento de restauración oligárquica, abierto con el primer Golpe de Estado que terminó con la época de gobiernos radicales (1916-1930), los primeros elegidos por el sufragio universal (masculino) en elecciones limpias. El período 1930-1943, llamado "Década infame"[9] por sus críticos, dominado por el fraude electoral, fue también —a los ojos del nacionalismo popular— el de entrega del país a los intereses de Inglaterra. Por tanto, negación de la democracia y extranjerización de la economía volvían a coincidir, como a fines del XIX hasta la irrupción del yrigoyenismo. Esa etapa es clausurada por otro Golpe de Estado, el del '43, promovido por un grupo de oficiales del ejército entre los cuales ocupaba un lugar destacado el entonces coronel Perón. Será ese gobierno de facto surgido del Golpe de 1943 el que a la postre convocará a elecciones libres en 1946, en las cuales se impondría el

---

9 Ver nota 7, página 50.

movimiento liderado por Perón, que gobernaría hasta otro Golpe de Estado, el de 1955.

El Golpe de 1955 determinó la proscripción del peronismo, de su líder y de toda la simbología peronista hasta 1972, incluyendo la profanación y el secuestro del cadáver de Eva Perón. Esos casi dieciocho años fueron también solo semidemocráticos, esta vez sin fraude, pero bajo el supuesto de la proscripción del partido mayoritario. Fue en buena medida lo que se denominó la "Resistencia peronista", en la que cabría incluir la emergencia de la guerrilla de Montoneros en 1970, la que hizo que finalmente se terminara con la proscripción y se permitiera —no sin trampas pseudolegales— el retorno de Perón en 1972-73 al país y su triunfo electoral, tras verse obligado a nombrar un candidato testaferro. Los partidos opositores, tanto en la "Década infame" como en los años de proscripción, participaron del orden político incluso gobernando. Por ello, el peronismo, en ambos casos, pudo proclamarse como el auténtico garante de la democracia liberal representativa, y no como su enemigo fascistoide, como lo presentaba el antiperonismo, al que el peronismo acusaría —otra vez— de enarbolar la república para en realidad obstruir la voluntad popular democrática.

¿Fascismo criollo o ideología argentina?

El antiperonismo, por su parte, interpretará la historia —como es previsible— de modo opuesto. En primer término, sostendrá que el propio Perón participó del Golpe de 1930 y que en 1943 formó parte de un golpe pro-Eje, que sólo abrió elecciones contra su voluntad totalitaria por la presión de la ciudadanía y de la oposición. Y que esa tendencia antidemocrática y fascistoide del peronismo quedó confirmada durante su gobierno (1946-1955), al que se responsabiliza de ser demagógico, corrupto y de perseguir a la oposición y a los medios, todos rasgos propios de un régimen con aspiraciones totalitarias. En ese sentido, los antiperonistas vivieron el golpe de 1955 como una liberación (de ahí el nombre que se dieron los golpistas: "Revolución Libertadora"), al modo de lo que ocurría en Europa con el fin del fascismo, y los años siguientes —al menos entonces— se encararon como un proceso de desfascistización que, como en la Europa de posguerra, requería la proscripción de los partidos antidemocráticos (el peronismo, en este caso).

En cualquier caso, para el peronismo los liberales argentinos fueron los principales responsables tanto de la "Década infame" (1930-1943) como del período 1955-1973. Es decir, de dos procesos históricos como mínimo no democráticos, incluso fraudulentos y represivos, y que vinieron a interrumpir, además, regímenes democráticos como los protagonizados por los gobiernos radicales (1916-1930) y peronistas (1946-1955).

Como veremos en otro apartado, la Revolución cubana de 1959 iba a cambiar muchas cosas. Cerraría en buena medida la etapa de la disputa fascismo-antifascismo y abriría otra en la cual el eje de la discusión pasaría por el problema del Tercer Mundo y el imperialismo. Si el peronismo fue derrocado en 1955 —a los ojos de los antiperonistas— como un fascismo y, por tanto, como la negación de la democracia, luego retornaría en 1973 al gobierno siendo percibido, incluso por muchos de los antiguos antiperonistas y, desde luego, por buena parte de

sus hijos, como un movimiento nacional antiimperialista y así, como el auténtico representante de los intereses
nacionales y populares. Por lo tanto, no podía ser la negación de la democracia. Sin embargo esta parecía estar
encarnada entonces, una vez más, en aquellos que decían
representar el gobierno limitado, el Estado de Derecho
y la división de poderes, o sea quienes habían proscripto
al partido mayoritario, perseguido a sus simpatizantes,
reprimido y asesinado a obreros y estudiantes, derogado
una Constitución (la de 1949) por decreto y, por último,
abdicado incluso de su vocación cristiana secuestrando,
profanando y escondiendo el cadáver de Eva Perón.

El proyecto de comunidad organizada peronista tuvo,
en su época clásica, un tinte organicista, corporativo que
de nuevo favoreció la comparación con el fascismo italiano. Si bien es cierto que el peronismo tenía ese componente organicista, que derivaba de su recelo respecto del
liberalismo político como ideología de clase, también lo
es que la propia democracia liberal europea de posguerra conservó instituciones corporativas que había creado
el fascismo, generando una doble legitimidad entre la representación salida de las urnas y la de "los agentes sociales", básicamente sindicatos y organizaciones patronales.
Éstos no sólo representan intereses profesionales, sino de
la ciudadanía en su conjunto. Por eso en muchos casos —
como el español[10]— los sindicatos no sólo colaboran con

---

10 Según la Constitución Española de 1978, los sindicatos son actores
   básicos del sistema político (art. 7) y junto a las organizaciones empresariales ejercen una representación institucional en un Estado definido
   como "social y democrático de Derecho" (art. 1). Su rol no se limita
   a lo profesional (arts. 37.1 y 37.2) sino que abarca también el interés

el control y la gestión de algunas políticas públicas, sino que adquieren potestades de los poderes públicos para dictar normas (leyes o reglamentos), sea a través de las mesas de diálogo social o de la participación institucional en organismos competentes.

No casualmente hemos utilizado el concepto de "proceso de democratización" para describir mejor la relación del peronismo —sobre todo de los dos primeros gobiernos de Perón, pero también del tercero— con la democracia. Esto supone aceptar que, en efecto, hubo un importante componente autoritario y represivo en los tres gobiernos de Perón. Otro elemento que resulta útil para comprender la situación es que el concepto de democracia manejado por el peronismo —como ya se ha apuntado— se encuentra más cercano a la idea de "voz del pueblo" que al liberal tradicional de derechos individuales y gobierno limitado. Curiosamente, es la ausencia del elemento liberal político, más que el estructural económico que le reprochaba la izquierda clásica, el que según nuestra perspectiva puede cuestionar con más fuerza el rasgo igualitarista del peronismo. No deja de ser paradójico, además, porque para nosotros el peronismo afirmó la igualdad política más que

general (arts. 129.1, 129.2 y 131.2 CE). En el nivel de la UE existe una representación neocorporativa similar, el Comité Económico y Social Europeo (CESE), un órgano consultivo compuesto por representantes de empresarios, trabajadores y organizaciones de la sociedad civil (agricultores, profesiones liberales, consumidores, etc.) de toda Europa. En efecto, su función es permitir a los grupos de interés emitir una opinión formal sobre las propuestas legislativas de la UE. Recibe consultas del Parlamento Europeo, el Consejo de la UE y la Comisión Europea y también emite dictámenes por iniciativa propia.

la económica (habitualmente destacada). En el sentido de que —como viera Germani— en todo caso la igualdad económica fue una vía para reforzar una noción anterior: que el pueblo o los sectores populares no sólo debían estar incluidos legalmente, sino que tenían igual legitimidad que los sectores social y económicamente privilegiados a la hora de definir los destinos nacionales y también cómo querían vivir.

Para extraer todo el provecho de estas disonancias, cabría decir que incluso ese elemento de reconocimiento de la igual dignidad de lo popular ante lo *alto y noble*, aunque chocaba con algunos que decían representar al liberalismo, significó en gran medida grabar una marca liberal política en el material de la historia argentina. Quizá por eso esa igualación encontró tantas resistencias y es la huella más perdurable de la actuación histórica del peronismo, porque lo que se graba en la subjetividad no es volátil ni fácilmente reversible como, por ejemplo, una política concreta de redistribución de la riqueza. Más aún, aquel grabado es el requisito de la demanda "material" salarial; en su conjunto, comporta un proceso profundamente político más que económico.

Sin embargo, no es lo más habitual señalar que el peronismo promovió una transformación del lugar que ocupaban los trabajadores en la comunidad política no sólo por medios estrictamente económicos. Un buen ejemplo de ello es la creación en agosto de 1946 de la figura del "Agregado Obrero" y la correspondiente "Escuela de Agregados Obreros", dedicada a su capacitación. Con ello, se inauguraba la presencia de activistas sindicales en todas las embajadas argentinas. El objetivo, como señaló el propio Perón, era sustituir las anacrónicas "relaciones de cancillería a cancillería" por las "de pueblo a pueblo". El objetivo de los Agregados Obreros en cancillerías y consulados era representar a las fuerzas del trabajo del país ante sus pares de otras naciones. La CGT designaba a los candidatos propuestos por los diferentes sindicatos para hacer los cursos de capacitación en la Escuela. En total, fueron más de seiscientos, hasta que el golpe militar de 1955 eliminó esa figura. Como señala Ernesto Semán[11], si bien existía un antecedente en el México de Plutarco Calles, la figura de los Agregados Obreros del peronismo constituye la mayor presencia de trabajadores en las relaciones exteriores de la historia y significa que el lugar de los trabajadores no sólo era el económico (como productor en la fábrica), sino también el político, como representante de la nación en ámbitos antes vedados y circunscriptos a la clase dominante. En la misma dirección, hay que nombrar la creación de la Justicia del Trabajo ya durante la gestión de Juan Perón en la Secretaría de Trabajo y Previsión del gobierno militar, con el objeto de establecer un procedimiento rápido, gratuito e igualitario capaz de hacer cumplir los nuevos derechos sociales, reparar la desprotección jurídica previa de los trabajadores y encauzar institucionalmente el conflicto social. Y hay que nombrar también, por supuesto, el voto femenino promulgado en 1951.

El peronismo fue igualitario sobre todo porque significó una legitimación de lo popular. La foto de los trabajadores refrescándose los pies en las fuentes de la Plaza

---

11 Semán. E., *Ambassadors of the Working Class. Argentina's International Labor Activists & Cold War Democracy in the Americas*, Durham: Duke University Press, 2017.

de Mayo el 17 de octubre de 1945 lo simboliza bien. Ésta es su herencia y su contribución decisiva a la democracia argentina. Su fulgor aparece con la perspectiva histórica, como ocurre con todos los procesos que implican transformaciones radicales, que vienen envueltos en estruendo, furor y escombro. Es que el peronismo, sobre todo el de la década clásica, se vuelve difícil de analizar cuando se lo mira a través de la estrecha noción de "gobierno". Fue eso, pero mucho más. ¿Entenderíamos acaso la Revolución francesa mirándola sólo como "gobierno"?

Esta pregunta puede, quizá, ayudarnos a desbrozar el camino. La inclusión que trajo el peronismo alteró mucho el orden simbólico (no hay otro, en realidad), modificando los roles asignados a cada actor social y los que cada uno esperaba ocupar. Esta alteración se produjo después de largos años de clausura de la democracia política (1930-1946) y de restauración de un poder oligárquico que, insistimos, no operaba tanto en lo económico —más bien lo contrario: allí comenzó el keynesianismo argentino, aunque sin redistribución— sino en términos de prestigio social. Lo que había estado cerrado durante esos años previos a Perón era el derecho —también en su acepción jurídica— de los sectores populares al protagonismo político.

No resulta extraño que en ese escenario primara en el peronismo una visión de la democracia como soberanía de la voz del pueblo. Las resistencias que eso produjo y el cambio que significó dieron al proceso un carácter comparable al de una revolución. Aquí otra vez tenemos que alejarnos del sentido más habitual que otorgamos a ese concepto, que nos lleva hacia la idea de "transformaciones estructurales", esto es, de cambios radicales en el derecho a la propiedad o incluso de movilizaciones populares de asalto al poder estatal. El peronismo encauzó esas transformaciones por las vías de la democracia liberal, en el sentido de que accedió al poder por la vía electoral y mantuvo vigentes las instituciones representativas. Algunas interpretaciones incluso han invertido el argumento, colocando como prueba del espíritu democrático del peronismo haber hecho una revolución por las vías legales e institucionales. Sin convencernos del todo el argumento, no obstante, capta algo de ese proceso: pese a su carácter revolucionario, el peronismo mostró un notable apego institucional, aunque no siempre respetara plenamente el Estado de Derecho. Tampoco fue el único en esa falta de respeto institucional, pues la oposición ya tempranamente (1951) demostró deslealtad al orden constitucional, lo cual a su vez condicionó al gobierno.

Este último argumento es complejo y ambiguo. Por un lado, parece menor porque la falta de otros no exculpa ni rebaja la propia. Son dos inobservancias, en todo caso. Pero, por el otro lado, la comparación con otros actores o casos históricos puede resultar clarificadora al llamar la atención sobre problemas quizás relacionados ya no con las características ideológicas del actor en cuestión, sino con determinadas lógicas de lo político en general. Me refiero en este caso a la tensión política esencial entre necesidad y convicción. Porque, ciertamente, no es lo mismo adjudicar las acciones autoritarias a la particularidad puntual de una coyuntura que a rasgos esenciales del actor. Esto último es lo que se tendió a hacer con el peronismo en virtud de una caracterización inicial del mismo en términos de "fascismo criollo". Estas etiquetas impiden ver las transformaciones históricas del actor, así como su modo de proceder en contextos diferentes. En ese aspecto, como veremos en la segunda parte de este libro, si bien se pueden aislar ciertos elementos "invariantes" en el modo peronista de ejercer el poder —que contienen prácticas tendentes a una apropiación del pueblo y de la nación—, también es cierto que estas prácticas siempre han convivido con la democracia liberal representativa y su característica: el lugar vacío del poder que señala Lefort[12]. No puede decirse lo mismo de quienes acusaron al peronismo de autoritario y en consecuencia, no sólo lo proscribieron y persiguieron, sino que —curiosamente— lo hicieron en nombre de la democracia, cuando en realidad sólo estaban intentando rellenar de "verdad" ese lugar vacío del que hablaba Lefort.

Los aspectos autoritarios del primer peronismo no deben comprenderse aislados, como expresión de una *personalidad* o esencia, sea del líder, sea del movimiento. Tampoco como un derivado del origen de clase del peronismo, como muchas veces ocurre, cuando se atribuye ese autoritarismo a una suerte de barbarie propia de la incultura de su base social aprovechada por un líder manipulador y demagógico. Ni mucho menos como expresión del carácter militar de su jefe. Como ya hemos dicho, la intención de los actores no representa un factor pertinente para el análisis riguroso, pues es sencillamente imposible acceder a ella. El caso del peronismo ha sido

---

12 Lefort, C., "Democracia y el advenimiento de un 'lugar vacío'", en *La invención democrática,* Nueva Visión: Buenos Aires, 1990, pp. 187-193. En el apartado dedicado a la *igualdad como democratización* desarrollamos más ampliamente esta idea.

especialmente tentador para este tipo de —digámoslo— especulaciones, en virtud del peso del liderazgo de su fundador. No es posible reducir un proceso histórico a la intención de, en este caso, Perón. Ni siquiera sus gobiernos del período 1946-1955. Porque, aun si conociéramos esa intención, poco explicaría del desenlace: toda política entrelaza la voluntad del líder con la de otros actores, los acontecimientos y, cómo no, la Fortuna. Por eso nuestro interés se enfoca en los efectos de todo el proceso, que requieren una reconstrucción y una interpretación. No tienen sentido histórico y político afirmaciones del tipo "Perón quería construir un sistema totalitario, pero no pudo", pues tal supuesto deseo es incomprobable. Tampoco respecto de cualquier otro actor. Además, si hablamos de una "intención" ¿cuál sería el indicio de ésta? ¿Por qué no podría serlo el mutismo, el silencio, la inacción como prueba máxima del secreto inconfesable?

Las actuaciones autoritarias del primer peronismo tampoco deberían aislarse de su contexto interno. Me refiero con esto a la labor de la oposición política, que, por ejemplo, intentó un primer golpe de Estado en 1951, en 1953 colocó bombas en manifestaciones masivas peronistas en Plaza de Mayo y en 1955 culpó a Perón del bombardeo de esa misma plaza un día de diario a media mañana por parte de aviones de la Armada argentina. No se trata de exculpar el autoritarismo peronista sopesándolo con el de la oposición, en una suerte de "y tú más". Pero sí de contextualizar los actos. No casualmente, el relato antiperonista aísla y se enfoca en los hechos autoritarios del peronismo, como si éstos no fueran, al menos en parte, una respuesta a otros acontecimientos también autoritarios o que no reconocían, o despreciaban el carácter genuinamente popular y democrático del peronismo. Baste pensar que durante la década del sesenta, dirigentes de la UCR como Zavala Ortiz participaron en actos que conmemoraban anualmente el bombardeo de la Plaza de Mayo de junio de 1955. He aquí otra muestra del pensamiento apoyado en preconceptos, que parte de asignar al peronismo un carácter autoritario y a la oposición uno democrático, y luego se dedica a confirmar el aserto mostrando ciertos hechos, como si éstos no estuvieran determinados por aquella premisa. En definitiva, en la Argentina de los dos primeros gobiernos peronistas gobierno y oposición se trataron más bien como enemigos que como adversarios. Esto no exculpa ni responsabiliza exclusivamente a ninguno de los dos. En esa dirección, hay que decir también que muchos antiperonistas se sintieron genuinamente antifascistas. No se trata, otra vez, de moralizar la posición política, sino de comprender que, en el medio de procesos tan decisivos, ningún actor político —esté en la plaza o en el Palacio— tiene muy claro el significado de los acontecimientos, aunque los esté viviendo o, precisamente por ello. La política requiere tiempo para ser comprendida, a pesar de ser en lo fundamental una toma de decisiones sin tiempo para un análisis minucioso de la coyuntura.

El tiempo es importante por la perspectiva que otorga, pero también porque tamiza. Me refiero a que el peronismo no ha reivindicado, ni conservado esos rasgos autoritarios de su primera década, ni por cierto los de los años setenta. No hace falta decir que el peronismo no tuvo ningún reparo, ni ningún inconveniente ideológico, organizativo ni programático para incluirse en la recuperada democracia desde 1983. Más bien podría afirmarse que, encarnando la identidad de la mayoría, ese marco le otorgó las mejores condiciones para desarrollarse y gobernar. No perdió nada el peronismo con la vigencia plena de la democracia, como habrían podido pensar sus críticos acérrimos. Siguió siendo la fuerza mayoritaria y conservó su base social y su capacidad de gobierno. Mantuvo, además, sus rasgos distintivos: vitalidad política, poder de movilización e incorporación de nuevos sectores, generación de liderazgos y, sobre todo, plasticidad para transformarse cuando le tocó gobernar. El menemismo de los noventa y el kirchnerismo del siglo XXI son, en ese sentido, hitos históricos equiparables al peronismo clásico de los años cuarenta.

Más allá de señalar los rasgos autoritarios del peronismo en los '50 y '70, para colocarlos en sus justos términos, es necesario analizar la relación entre democracia y fuerza o coacción. Cuando legítimamente se critica el ejercicio autoritario del poder, en ocasiones se acaba inadvertidamente tomando como criterio de comparación una idealización de la democracia, como si ésta no tuviera ningún ingrediente de coacción, fuerza o incluso violencia. Así, el contraste entre autoritarismo y democracia acaba acentuándose artificialmente. Si el autoritarismo es el abuso o uso ilegítimo del poder, la democracia puede parecer un dispositivo de supresión del poder (o de la dominación, para ser más precisos). Sin embargo, esta impresión es engañosa y está viva sobre todo en el relato que las democracias contemporáneas hacen de sí mismas, asimilando democracia a consenso y expulsando así de su campo todo atisbo de fuerza o coacción. La democracia no anula el poder, sino que al repartirlo, al menos formalmente (una persona, un voto), legitima la lucha por él. Ese reparto genera cierta violencia —que no solo se manifiesta cuando deja marcas físicas visibles, sino también en el menoscabo invisible de la persona—, pues la consecuencia lógica del voto universal es la probabilidad de verse obligado a hacer lo que no se quiere. La democracia tampoco consiste en que se escuchen todas las voces; como orden político, excluye las ideas consideradas incompatibles con ella misma (autoritarismo, machismo, racismo, xenofobia, etc.). Incluso dentro de las voces legitimadas, la decisión adoptada por votación no elimina toda coacción, pues, para garantizar su efectividad —la soberanía popular, en definitiva— sigue estando respaldada en última instancia por el monopolio estatal de la violencia legítima. A esto hay que sumarle los rasgos intrínsecos de la lucha, que aun con reglas no es una deliberación libre y racional de la que emerge el mejor argumento para todos, sino la disputa entre una pluralidad de perspectivas por un mismo fin: conquistar voluntades y lograr el poder para decidir, lo cual deja siempre ganadores y perdedores. Otra vez, los contrarios aparecen conectados: pluralismo y exclusión, soberanía popular y coacción, democracia y violencia. En definitiva, la democracia no se impone a lo político, sino que es un modo de ponerlo en práctica. Por eso es un *orden* político.

Se puede decir entonces que el peronismo tuvo inocultables rasgos autoritarios y represivos, sobre todo en la década 1946-1955 y en el gobierno posterior al retorno de Perón a la Argentina (1973-1976), sin llegar no obstante a constituir una dictadura contraria a las instituciones democráticas, sobre todo las relativas al funcionamiento del Parlamento y a las citas electorales, nunca canceladas. Con el tiempo, como ya dijimos, esos rasgos fueron desapareciendo, en especial desde el retorno a la democracia en 1983. Aun así, muchos opositores criticaron al kirch-nerismo (2003-2015) por autoritario. Más allá de gestos arbitrarios que comparten casi todos los gobiernos —y de otros más propios del peronismo, como la patrimoniali-zación del pueblo y de la nación[13]—, es probable que se confunda el estilo confrontativo adoptado por el kirch-nerismo, sobre todo a partir del "conflicto del campo" de 2008, con una política abiertamente antidemocrática. Por eso el concepto de "democratización" es más útil para el peronismo clásico que para los que le siguieron. Más aún, según nuestra interpretación, los aspectos represi-vos y autoritarios del primer peronismo se relacionaron con la exigencia política de transformación social que el movimiento fundado por Juan D. Perón veía necesaria. Probablemente fuera el precio que estimaba debía pagar para canalizar lo que entendía que era una revolución en el marco de una democracia representativa liberal. De ese modo podía realizar uno de los principios clave del peronismo: evitar el desorden.

Esa represión se caracterizó por ser en general organi-cista y —como sostiene Waldmann[14]— legalista. Organi-cista siguiendo la concepción política dominante en el pensamiento de Perón, expresada en su célebre noción de "la comunidad organizada", en la que nos detendre-mos más adelante. Por ahora basta con decir que el orga-nicismo entiende que lo social es un conjunto de partes (órganos) diferentes pero complementarias. Para que el cuerpo (comunidad) alcance su orden natural, cada una

---

13 Ver segunda parte, capítulo 2
14 Waldmann, P., *El peronismo 1943-1955,* Buenos Aires: Hyspamerica, 1985 [1974], p. 57.

de esas partes debe ceñirse a cumplir su función específica. El problema de esta metáfora entre lo social y lo natural orgánico es que la política es precisamente una disputa alrededor de los lugares y las "funciones" sociales, que no vienen predeterminadas ni siquiera como lugares vacantes, y nadie sabe de antemano cuáles son. Por eso el orden siempre puede ser distinto. El peronismo vino justamente a reordenar lo que entendía que estaba en desorden y en ese empeño usó la persuasión y la coacción, es decir, la política. Como no podía ser de otro modo, su proyecto era uno entre otros posibles, pero como sucede habitualmente en nuestra política occidental, el gobierno procedió como si estuviera convencido de que su orden era el auténticamente verdadero. En el caso del peronismo clásico, esa certeza fue particularmente intensa y dio lugar a la patrimonialización del pueblo y de la nación. Desde esa perspectiva, todo lo que se salía de su función propia amenazaba con recrear ese desorden que se había venido a corregir. De ahí también la intensidad simbólica del peronismo a la hora de deslegitimar a quienes, a sus ojos, no compartían su proyecto: "la contra", "vendepatria", "oligarcas", "anti-pueblo" o "cipayos" fueron algunos de los epítetos que el peronismo de la década clásica obsequiaba a los opositores, fueran partidos, medios, sindicatos, estudiantes, militares o incluso, al final de su mandato, la Iglesia Católica. Todos esos nombres señalaban a los opositores como partes no legítimas del conjunto, que ponían en peligro el cumplimiento de su función general. Todos esos nombres, no casualmente, son el reverso de la patrimonialización peronista del pueblo y la nación. Eran "infiltrados", "agentes externos" que contaminaban el cuerpo social. Estos calificativos llegaron a su máximo esplendor en el último gobierno de Perón, ya en los setenta, a propósito de su combate contra la izquierda peronista, especialmente su brazo armado, Montoneros.

El otro rasgo de la represión del peronismo clásico fue, como dijimos, el legalismo. Consistía en un uso retorcido o *ad hoc* de la ley para que su peso cayera sobre el opositor, a fin de sacar ventaja sin violar la letra jurídica. Así ocurrió cuando el Estado adquirió numerosos medios de comunicación privados: invitaba a los dueños a venderlos, pero también a continuar al frente de la dirección. De ese modo, se lograba una liquidación legal pero políticamente espuria de una voz opositora. Del mismo modo se recurrió al poder de intervención de los sindicatos por parte de la dirección nacional correspondiente o bien de la CGT, para bloquear a dirigentes que se oponían a ciertas políticas gubernativas. Asimismo, se usó la figura del "desacato" a la investidura presidencial para encarcelar a diputados opositores, como fue el caso de Ricardo Balbín, presidente de la UCR. O, finalmente, el retrazado de los distritos electorales de la ciudad de Buenos Aires para compensar las desventajas uniendo los más opositores con otros oficialistas para así obtener más diputados propios. Este legalismo, como el organicismo, era un modo de vigilar el curso *natural* de las cosas, de reconciliar el cuerpo social con sus órganos y las funciones particulares y generales que se concebían como las únicas posibles.

La modalidad organicista y legalista de la represión parece, por un lado, propia quien sabe que la política es creación de sujetos, pero por otro lado es característica de quien cree que esa construcción depende más de la imposición que de la persuasión. Por eso resulta inevitable preguntarse qué necesidad tenía el peronismo clásico de recurrir a la pura fuerza gozando de la popularidad que tenía. Sus adversarios más enconados lo atribuyeron al supuesto propósito totalitario de líder, que en todo caso habría sido impedido por la oposición de la sociedad civil, principalmente de las clases medias. Desde nuestra perspectiva, en la propia tendencia organicista del peronismo anidaba un pavor al desorden, a que cualquier elemento se saliera mínimamente de "su" lugar (básicamente, miedo a que el pueblo no fuera el centro de la nación), miedo que acabó alimentando lo que quería evitar: el desarreglo de las partes. Lo cual resulta llamativo en un movimiento que entendió la política como una lucha sin descanso por persuadir, irreductible a la pura racionalidad, pero también a la fuerza desnuda. Su afán ordenancista llevó al peronismo clásico a generar conflictos sin motivo que a la postre lo debilitaron notablemente. Por ejemplo, la aprobación y promulgación de la Constitución de 1949 de forma irregular, cuando tenía la mayoría constituyente para hacerlo sin mácula jurídica. También la expropiación de facto del diario liberal-conservador La Prensa en 1951 para entregarlo a la CGT, teniendo ya una importante red de medios afines. Y, finalmente, el enfrentamiento iniciado en noviembre de 1954 con uno de sus aliados iniciales, la Iglesia Católica, lo despojó de la transversalidad que aún conservaba justo cuando la polarización con el antiperonismo era máxima y dio a sus adversarios la excusa definitiva para el golpe de Estado que intentaban ya desde 1951. El propio Perón reconocería implícitamente que no se debía volver a caer en esos modos autoritarios cuando en su retorno del exilio, a comienzos de los '70, se declaró "un león herbívoro" y dijo volver "como prenda de paz". De hecho, ni siquiera intentó restablecer la ilegalmente derogada Constitución de 1949. Y en la misma línea se reconcilió con quien seguía siendo el máximo representante de la oposición, el radical Ricardo Balbín. Sin embargo, actuó de otro modo frente a quienes pasó a considerar enemigos: el ala izquierda peronista representada por Montoneros, los sectores vinculados al otro grupo armado —el trotskista PRT-ERP— y, en general, el imaginario "enemigo comunista de la nación y del pueblo". A todos ellos los reprimió dentro, pero también y sobre todo, fuera de la ley, recurriendo al terror estatal de la Triple A. De este modo, en el tercer gobierno peronista (1973-1976) el organicismo se suavizó, dando lugar a un intento de pacto social a la europea a la postre fallido, mientras que el clásico legalismo se convirtió en una abierta represión ilegal. En adelante, el peronismo ya no volvería a tener una centralidad política como la de los años de Perón, que le permitiera reintentar ese organicismo, ni volver a ejercer el legalismo. Aunque siguió siendo la principal referencia de los trabajadores, el peronismo fue perdiendo el control sobre el movimiento obrero. La transformación posfordista —diversificación e informalización del trabajo— y, sobre todo, la política neoliberal del gobierno de Menem, que aceleró esos cambios, terminó desgastando su predominio entre los trabajadores.

Desde la recuperación de la democracia en 1983, el peronismo se fue convirtiendo entonces, cada vez más, en un partido político entre otros. Siguió siendo la identidad política nacional más caudalosa, pero solo como primera minoría y ya no como mayoría en sí misma. Con su primera derrota en elecciones libres (1983), se fueron diluyendo dos rasgos que lo habían caracterizado durante décadas: ser un movimiento en lugar de un partido y aspirar a una "comunidad organizada". Gracias a esos rasgos particulares había auspiciado y convivido mejor con la diversidad y la disonancia internas que con las externas. Cabe recordar que la candidatura de Perón resulta de la confluencia de tres formaciones preexistentes (yrigoyenistas, laborismo e independientes), además de atraer a conservadores, católicos, socialistas y nacionalistas. Y las diferencias internas no siempre quedaron zanjadas por el liderazgo de Perón, como suele afirmarse: a mediados de los sesenta el sindicalismo vandorista[15] lo desafió con la consigna de un "peronismo sin Perón", y pocos años después Montoneros intentó superarlo en nombre del "peronismo auténtico". Desde 1983 en adelante, la épica auto celebratoria del movimientismo decayó sin llegar a ser sustituida por la gris rutina burocrática de partido.

---

15 El vandorismo refiere al proyecto personificado en el dirigente peronista Augusto Timoteo Vandor (1923-1969), secretario general de la poderosa Unión Obrera Metalúrgica (UOM). Como tal, fue clave para el peronismo durante la proscripción y persecución (1955-1972). Vandor acompañó a Perón en su regreso al país en 1964, finalmente frustrado por el gobierno de Illia (Unión Cívica Radical del Pueblo). Ese fracaso le hizo pensar al sindicalista que la vuelta de Perón sería ya improbable y generó el "vandorismo" propiamente dicho: un peronismo sin Perón. Perón señaló a Vandor como principal enemigo del movimiento y ordenó expulsarlo de las organizaciones sindicales peronistas. Vandor resistió creando sus propias organizaciones peronistas, desconociendo de facto a Perón. Vandor se alió al Gral. Onganía —líder del golpe de Estado de 1966—, quien ilegalizó al sindicalismo opuesto a Vandor y le permitió a éste colocar a su gente al frente de la CGT. Hacia marzo de 1969 Vandor intentó reconciliarse con Perón. En junio de ese año fue asesinado por cinco personas que entraron a cara descubierta y sin oposición en su despacho de la UOM. El crimen nunca se esclareció. El vandorismo, como alternativa al liderazgo de Perón, se diluyó.

Aun así, la virtud de interpretar la especificidad del contexto de cada momento e incidir en él mutando para transformarlo a fin de huir del desorden persistió, ahora concentrada en la capacidad de acción presidencial para construir alianzas, sujetos y nuevas agendas. El menemismo y el kirchnerismo, precisamente debido a sus diferentes programas políticos, fueron elocuentes ejemplos de ello y, así, de que ahí radicaba en buena medida el grado cero del peronismo. Esta relevancia tan particular y persistente de la conducción en el peronismo nos lleva directamente a la última de las preguntas *europeas*.

3. ¿El peronismo es popular o demagógico?

Si de algo se ha acusado al peronismo a lo largo de su historia es de practicar la demagogia. Hoy esta palabra se escucha menos porque en la disputa política cotidiana se habla más genéricamente de "populismo", aunque en términos teóricos se trate de conceptos distintos. En cualquier caso, la acusación de demagogia se ha usado para explicar una de las características principales y que más asombro despierta del caso: el vínculo duradero de las masas populares con el peronismo.

El peronismo no inaugura la política de masas en la Argentina, ni es el primero en hacer política sobre la base del liderazgo y su relación con el pueblo. Pero sí hay que decir que ritualizó las manifestaciones callejeras, donde sus líderes se dirigen a la multitud organizada y recurren de forma sistemática al "contacto directo" con sus seguidores. El peronismo mismo surge de la movilización callejera con tintes épicos del 17 de octubre de 1945, en la que los trabajadores marchan —sorteando diversos obstáculos— al centro de la ciudad, a la Plaza de Mayo, para demandar la libertad de su líder, el entonces Coronel Perón —detenido por el gobierno militar del que hasta hace poco formaba parte como Vicepresidente, Ministro de Guerra y Secretario de Trabajo—. Al final de la jornada, y merced a la presencia masiva de los trabajadores en la Plaza de Mayo, Perón dirigió un discurso a la multitud desde los balcones de la Casa de Gobierno. El naciente antiperonismo, como ya vimos, interpretó el 17 de octubre como una nueva Marcha sobre Roma.

El peronismo convertirá esa manifestación del 17 de octubre en una forma propia de hacer política. Nacía allí un rito que se repetiría como mínimo los 1º de mayo y 17 de octubre de cada año, primero durante la década clásica (1946-1955) y después durante el tercer gobierno peronista (1973-1976). El recurso a la "asamblea popular" en la cual "el pueblo dialoga directamente con su líder", como gustaba describirlo el propio peronismo, será también en ocasiones la forma de tramitar asuntos internos del movimiento. Un ejemplo paradigmático es el del histórico acto en el que la CGT propuso que Eva Perón fuera la candidata a vicepresidente de Juan Perón en las elecciones para el período 1952-1958. Probablemente, las otras grandes manifestaciones peronistas fueron la del retorno definitivo de Perón a la Argentina tras su exilio iniciado en 1955, celebrada en las inmediaciones del aeropuerto de Ezeiza el 20 de junio de 1973, que se truncaría por una cruenta batalla campal entre la izquierda y la derecha peronistas, y la del 1 de mayo de 1974 en Plaza de Mayo, cuando Perón se enfrenta a Montoneros, que acaba retirándose del acto.

A estos rituales de masas icónicos habría que sumar los actos en los que Eva Perón, como presidenta de la Fundación homónima, entregaba juguetes a los niños y enseres domésticos a las mujeres y hombres del pueblo, que formaban largas filas para recibirlos. Para la oposición, estos actos probaban el carácter calculadamente demagógico del régimen: el protagonismo aparente del pueblo, en realidad sometido a la concesión graciosa del líder, único protagonista y beneficiario real del rito. Éste consistía en un intercambio de halago y dádiva por obediencia y sumisión al poder personal de, en este caso, Juan y Eva Perón. Los antiperonistas llegaron a comparar la actuación de la Fundación Eva Perón con los actos de las sociedades de beneficencia de las damas de la oligarquía. En definitiva, a los ojos de los opositores, se confirmaba que el peronismo era "mucho ruido y pocas nueces", es decir, que enarbolaba la justicia social como instrumento para en realidad alcanzar la suma del poder político y así domesticar a las masas.

El vínculo líder-pueblo: demagogia y psicología de masas

Como hemos sugerido en las páginas iniciales, miramos y construimos la realidad política a través de conceptos. Para analizar esta cuestión en el caso específico del peronismo es necesario hacer un pequeño rodeo teórico para saber de qué hablamos (quizás sin saberlo) cuando rotulamos un fenómeno político como "demagogia".

Cabe distinguir dos momentos históricos del concepto de demagogia: el antiguo y el moderno. En la antigüedad clásica la demagogia adquirió el contenido peyorativo que conserva hasta hoy, pues fue entonces cuando pasó de designar simplemente al dirigente o líder político (*demos:* pueblo y *agein:* conducir), a nombrar al inescrupuloso que con su hábil oratoria adula a las masas para conseguir su apoyo y gobernar para sus propios intereses. Así el mundo greco-romano en general entenderá la demagogia como una degradación de la democracia. Esto se ve, por ejemplo, en la clasificación que el pensamiento clásico hace de las formas de gobierno para distinguir las buenas de las malas. Buenas son las lideradas por uno (monarquía), por pocos (aristocracia) o por muchos (democracia), pero en todos los casos cumpliendo la ley y, por tanto, buscando el bien común. Y malas son las que más allá del número de quienes gobiernan (tiranía, oligarquía y demagogia[16]) no observan la ley ni persiguen el bien común, sino el interés del grupo que ocupa el poder. Si se las llama formas "corruptas" es porque intensifican, hasta desnaturalizarla, la característica distintiva de la forma "buena" de la que proceden. Así, la demagogia sería el paso de lo auténticamente popular —una democracia guiada por la ley— a lo que podríamos designar como "lo populachero" o, en palabras actuales, "populista": el pueblo (entendido como conjunto de los pobres) librado a su arbitrio, sin contención legal. La demagogia es entonces el "gobierno" de un grupo que se presenta como el pueblo, pero que en realidad ejerce el poder no en favor del bien común sino de sí mismo, saltándose la ley[17]. Por eso para estos autores cabe poner en duda su

16 En el pasaje del griego al latín y luego a nuestros idiomas, a veces se usan otros términos ("democracia extrema" o "democracia negativa") y no demagogia, pero el sentido fundamental se refiere a una práctica política —la que hemos definido— considerada mala y siempre peor que la democracia.

17 Aquí cabe reseñar una diferencia. Para Platón, la democracia ya es mala porque no gobiernan los sabios, pero la demagogia es aún peor porque tampoco cuenta con el sucedáneo del saber de los sabios, que es la ley. Para Aristóteles, en cambio, la demagogia es la negación de la democracia, porque ésta puede ser un régimen recto, ya que para él la ley no es un sucedáneo, sino el mejor saber posible. Por eso dijimos que para ambos en todo caso la demagogia degrada la democracia.

carácter de régimen político propiamente dicho, ya que no busca el bien de todos sino solo de una parte.

El concepto moderno de demagogia aparece hacia mediados del siglo xix, con la incorporación de las masas a la vida política producido por el auge de la industrialización y la extensión del sufragio universal masculino en Europa. Es el fin de la política de "notables", personas con poder social y sin estructura organizativa, y la emergencia de los grandes partidos de masas, dotados de un aparato burocrático-administrativo y líderes propios. Los que se oponían a esa ampliación del voto temían que un grupo —o un líder— se hiciera pasar por "el pueblo" y que éste, al no tener nada que perder, se dejara seducir por las propuestas más "radicales". Por eso inicialmente el derecho a voto estaba supeditado a la propiedad. La fuerza de ese temor confirmaba, en definitiva, la situación marginal de las masas en la vida social y pública.

En ambos momentos históricos, la demagogia se considera una mala práctica política: el líder, con un uso hábil de la palabra, adula y agita las aspiraciones "irracionales" y "elementales" de las masas —habitualmente contra los ricos— para movilizarlas en su favor. Al final, los beneficios no recaen en el pueblo, sino en el líder y su camarilla. Según sus críticos, esta práctica demagógica reduce el interés de los seguidores al del "pueblo" y este al de la nación, que el líder afirma encarnar; de ahí deriva una acción política finalmente tiránica, por encima de la ley y las instituciones.

También para Polibio, más cercano al criterio platónico, la oclocracia (gobierno de las masas —entendidas en sentido peyorativo— al margen de la ley) es una degeneración de la democracia.

En la misma dirección se desarrolla en esa época, en el XIX, la llamada "psicología de las masas", que analiza por primera vez la conducta social de los grupos. En sus primeros desarrollos se basa en una noción peyorativa de las masas que comparte algunos presupuestos con la noción clásica de demagogia que vale la pena tener en cuenta. En primer lugar, supone la oposición entre conducta racional, normal y autónoma propia del individuo, y la irracional, patológica y heterónoma inherente al grupo. En segundo lugar, se basa en la convicción de que el individuo tiende a perder su racionalidad en el seno de la masa en virtud del contagio que se genera entre sus miembros, producido a su vez por la sugestión del líder, sin el cual la masa no existiría. Y finalmente, en tercer lugar, al igual que en la noción clásica de demagogia como desviación de la democracia, se cree que cuando la masa busca imponer su interés particularista-corporativo se termina produciendo una alienación de su poder en el del líder quien, como individuo que es, posee racionalidad (instrumental para el mal, en este caso), lo cual le permite manipular al grupo en su beneficio personal. En definitiva, las masas no tienen capacidad de autogobernarse, ni siquiera en términos corporativos, y por eso —como decía Le Bon[18]— están condenadas a terminar en manos de un César que las engañará para sacar partido. Tanto antes como ahora, ese líder es calificado como tiránico (porque es el gobierno de uno en su propio favor), como despótico (porque gobierna como el amo al esclavo), y siempre, en todo caso, de demagógico.

---

18 Le Bon. G.: *Psicología de las masas,* Madrid: Morata, 1986 [1920], p. 46.

Si bien, en términos históricos, al peronismo se le aplicaba el concepto moderno de demagogia, sus críticos también le atribuían el clásico. A su juicio, desde la reforma constitucional de 1949 —que como vimos consagró la reelección indefinida del presidente— el movimiento se había transformado en un auténtico "régimen" antirrepublicano, gobernado por líderes demagógicos (Perón y Eva Perón) que halagaban al pueblo para conservar un poder omnímodo y permanente. En efecto, la discusión sobre las características del peronismo se movió alrededor de la noción clásica: lo que para sus partidarios era la democracia (así se llamaba el periódico peronista), para los opositores era demagogia (o bien fascismo criollo, despotismo, tiranía de la mayoría, totalitarismo, fin de la división de poderes, etc.). Y, por supuesto, para caracterizar a los seguidores peronistas se utilizó —desde el mismo 17 de octubre de 1945— toda la descripción que la psicología de las masas había desarrollado en sus comienzos.

Como instrumentos de conocimiento, el concepto de demagogia y la inicial psicología de las masas arrastran el mismo problema: se trata de nociones que pretenden ser puramente analíticas, pero que en realidad poseen un fuerte componente normativo. Se presentan describiendo el Ser, las características de los fenómenos políticos, pero en verdad canonizan un Deber Ser, es decir, cómo deberían ser los fenómenos políticos. La clasificación clásica de las formas de gobierno o de las prácticas políticas no explica clínicamente la praxis o los regímenes políticos existentes, como por ejemplo serían hoy dictadura, democracia, totalitarismo, o las formas de liderazgo, sino que en verdad los valora en función de cómo son. En el caso de los regímenes, si respetan la ley y por tanto favorecen el bien común o si, por el contrario, gobiernan sin límite legal para los intereses particulares de un grupo o del líder. Si hacen lo primero, además, merecen el nombre de gobierno y de actividad política propiamente dicha, pero si hacen lo segundo, no, porque corrompen la naturaleza sana del gobernar y así de la política.

Lo mismo ocurre con el análisis de la conducta de las masas: el objetivo real no es entender su práctica política, sino valorarla. Esto último, además, se hace de un modo muy especial, procediendo del presente hacia el pasado. En efecto, en lugar de explicar por qué determinados actores defienden ciertas demandas, el investigador, al detectar valores que rechaza, cuestiona el origen de esas exigencias, que no es otro que el de la masa con un líder manipulador. El presupuesto es el mismo que en la época clásica: hay valores objetivamente buenos, humanos, verdaderos que se pueden conocer y aplicar. Por lo tanto, todo lo que se aparte de ello no puede tener sino un origen patológico.

Tal premisa esteriliza el análisis porque conduce a definir el gobierno, la ley y los fines "buenos", no cualesquiera que se den en la vida política real. Más aún, su consecuencia lógica es situar fuera de la política todo aquello que no se ajusta a esos valores definidos como buenos.

En el marco de esta perspectiva normativa, la demagogia (sea como forma de gobierno, sea como práctica política) y la psicología de las masas se refuerzan mutuamente para confirmar que lo malo no puede sino provenir de la ignorancia y/o de la manipulación. Sólo un vínculo distorsionado entre dirigentes y dirigidos puede hacer que éstos, comportándose como masa, deseen lo malo y corrupto.

Ambas reflexiones, la de la demagogia y la de la primera psicología de las masas, tendían a establecer un nexo entre clase social, ignorancia e irracionalidad, según el cual cuanto más abajo en la escala social, menos educación, más instinto y más maleabilidad de las voluntades por parte de un líder carismático. De hecho, los primeros pensadores de la psicología de masas comparaban la conducta de éstas con la de las mujeres, los niños, los alcohólicos y los "salvajes" en función de su volubilidad, capricho, emotivismo y carácter instintivo. También afirmaban en general que cualquier individuo perdía su racionalidad en el seno de la masa, pero asimismo sostenían que los grupos más educados (aristocracia) y los hombres adultos eran más refractarios al contagio colectivo. En el caso de las formas de gobierno "desviadas" el nexo causal era más claro. Para ello basta reparar en que la deformación de los gobiernos de uno (monarquía) o de pocos (aristocracia) redunda en un gobierno del mismo grupo, si bien guiado ahora por fines particularistas, mientras que —como se apuntó antes— el del grupo grande (el pueblo entendido como pobres, democracia) resulta en definitiva en el gobierno del tirano o demagogo. Es decir, el problema en las formas de gobierno aristocráticas o de minoría desviadas no provenía de su ignorancia ni de su carácter manipulable, sino de su egoísmo y avaricia, que no eran sino una deformación de la racionalidad y la autonomía, respectivamente, pero les permitía mantener la capacidad de autogobierno; justo lo que la masa del pueblo perdía en favor del demagogo, que la engañaba. Lo que se estaba definiendo entonces no era el vínculo entre dirigentes y dirigidos, sino al buen ciudadano y a la buena política. Cada clase social devenía mal ciudadano a su propio modo. En el corazón de esta teoría está la idea de que no puede haber actores colectivos. Una democracia legítima sería un pueblo como una colección de ciudadanos, nunca como un sujeto colectivo.

El contenido normativo de la reflexión tradicional sobre la demagogia nos devuelve al problema de las preguntas basadas en preconceptos. Si todos los regímenes deben ganarse el apoyo social ¿por qué sólo cuando ese sustento es popular se cuestiona su autenticidad? ¿Por qué no se hace esa pregunta para los otros regímenes? Porque desde la perspectiva "anti demagógica", el vínculo gobernantes-gobernados, tanto en las formas rectas como en las desviadas, es diferente cuando los que gobiernan son pocos o muchos. Cuando son muchos desaparece la racionalidad —como en la masa moderna— al punto de que aparece el líder, que es quien la restituye. Cosa que por el contrario no ocurre en las otras formas, donde, aunque sea para el mal, el uno o los pocos siempre conservan su capacidad de autogobernarse. La demagogia vista por sus críticos, entonces, es resultado del *exceso* de participación de los pobres. Las masas tienen que estar siempre controladas y limitadas, como si tuvieran una tendencia natural a desbordar la ley y el bien común. La heteronomía de las masas en favor del líder manipulador sería el requisito central para el desarrollo de la demagogia.

Para salir del reduccionismo normativo que implica este punto de vista, necesitamos un concepto explicativo, que reconozca como política la actividad que persigue los fines que nos gustan, pero también los que no nos gustan. En el campo de la psicología de las masas, el paso de lo normativo a lo explicativo lo hará sobre todo

Freud, reemplazando la noción de sugestión por la de "identificación". Esta última noción puede ser muy útil en la medida en que no la confundamos con la noción de "identidad" tal y como la entendió la tradición occidental dominante. Esta tradición se inclinó siempre por definir la identidad como lo "idéntico a sí mismo", como una esencia inherente a ese ser, actividad u objeto. Y, en todo caso, el problema que se plantea es si durante su proceso vital logra realizarse o llegar a ser lo que debe ser. Por eso, a pesar de que el castellano nos permite distinguir entre lo fijo y lo variable, habitualmente decimos que algo *es* y no que *está* siendo algo. Así hemos aprendido a concebir las virtudes humanas con el pensamiento greco-romano y judeocristiano, los derechos naturales con el liberalismo, la conciencia de clase con el marxismo ortodoxo o el *ser* nacional con el nacionalismo.

Frente a este modo tradicional de entender la identidad aparece la noción de identificación o, mejor, de identificaciones. La identificación partirá del presupuesto contrario al de la identidad: no hay esencia y lo que algo es —o mejor, está siendo—depende de un proceso continuo de construcción basado en la incorporación de rasgos, elementos y aspectos parciales de otros seres, cosas o actividades. Esos rasgos adquiridos no forman, además, un conjunto coherente, idéntico a sí mismo, sino heterogéneo y poliédrico.

Tal proceso de asimilación presupone, lógicamente, la relación con esos otros seres, cosas o actividades. Así emerge una nueva diferencia con el concepto de identidad tradicional, cuyas características surgían del vínculo del ente *consigo mismo.* Así, esta alternativa a la perspectiva esencialista es una concepción procesual y relacional, que implica la contingencia y la historicidad de lo que las cosas o seres son, frente al carácter necesario y *a priori* de la perspectiva tradicional.

Este punto de vista relacional supone un doble vínculo con lo exterior: positivo, en el sentido de que se asimilan rasgos parciales de otros entes y negativo, en tanto que todo lo que se convierte en propio lo hace por diferencia y rechazo a otros entes. Lo positivo y lo negativo se dan simultáneamente: toda identificación supone una "desidentificación". Por ejemplo, que España sea una democracia se explica tanto por la aceptación de ese régimen político como por el rechazo de lo dictatorial, y ambos se implican simultánea y mutuamente, como dos caras de una moneda.

La sustitución del concepto de identidad tradicional por el de identificación supone, en definitiva, reemplazar una perspectiva normativa por otra explicativa. En efecto, la noción de que algo sólo puede y debe ser de un solo modo, contenida en la noción tradicional de esencia, lleva a considerar los otros modos no sólo como inherentes a determinados actores —el líder demagogo, la masa irracional— sino como error o deformación. Así, en lugar de explicar la conducta, se la valora (negativamente). Pero hay más: se lo hace excluyéndola del campo de la normalidad. En esta exclusión del terreno de la normalidad jugó siempre un papel muy importante lo emotivo, pensado como lo antitético de "lo racional", atributo del individuo e incontaminado de sensaciones como el contagio o la hipnosis, propios de las masas.

Del mismo modo que la clasificación clásica de las formas de gobierno en clave de buenas/naturales y malas/corruptas, la idea tradicional de identidad conduce a reconocer el carácter genuinamente político de algunos fenómenos y negárselo a otros. Esta discriminación es fundamental para el caso que nos ocupa, el peronismo. No hay mayor obstáculo para el análisis y el conocimiento profundo de los acontecimientos históricos que negarles su carácter político en razón de nuestras preferencias de valor. El hondo rechazo que nos puedan despertar ciertos sucesos, regímenes o cosmovisiones no constituye un argumento para negar el carácter político de los mismos. Por eso es necesario separar crítica ideológica de crítica política, asunto que retomaremos más adelante.

La identificación permite superar esta visión platónica y pre freudiana de la conducta social que separa tajantemente lo racional de lo irracional, para pasar a entender al sujeto como un ser constitutivamente relacionado con los otros, relación que implica afectos y valores. El *valor* que las formas de relación tengan para quien las investiga no afecta el carácter de relación que tengan: el psicoanálisis no niega el carácter relacional de un vínculo sadomasoquista, por ejemplo, sino que lo analiza y explica.

Ya podemos decir que la pregunta que preside este apartado está mal formulada a propósito, para evidenciar este problema y permitir su deconstrucción. No hay valor que defina *per se* la demagogia, como sostenían los opositores al peronismo, pero tampoco alguno que determine lo "auténticamente" popular, como creyeron muchos peronistas. Ambos términos, la demagogia, lo popular, como todo en política, están en constante disputa y redefinición, y su contenido es infinito y relativo a los distintos puntos de vista en lucha, especialmente en democracia.

Y precisamente esta disputa fue la que puso en juego el peronismo, pues definió lo popular como la antítesis de lo oligárquico: señaló al grupo dominante como una minoría privilegiada, rentística y extranjerizante, que oprimía al pueblo y a la nación. Pero también desligó la condición obrera de la lucha de clases, e integró a los trabajadores dentro del grupo más amplio de "los productores", junto a la burguesía nacional. Así reza, de hecho, una de las Veinte Verdades del peronismo: "No existe para el peronismo más que una sola clase de hombres: los que trabajan". El antiperonismo respondió, a su vez, caracterizando al movimiento liderado por Juan Perón como, justamente, demagógico, despótico, totalitario y poco amigo de la ley y las instituciones.

En ambos casos, peronistas y antiperonistas operaron convencidos de la existencia de un único y auténtico bien común. Sólo que para unos ese bien común único consistía en una democracia que defendiera los intereses populares y para otros en una democracia republicana, que respetara la división de poderes, el gobierno limitado y permitiera el ejercicio de la ciudadanía. Lo que había, en realidad, eran dos perspectivas político-ideológicas diferentes, cuando no opuestas, pero que partían de bases semejantes: la certeza de la posesión de *la* verdad sobre la política.

La "comprensión" del peronismo que lo reduce a meras masas hipnotizadas por la demagogia del líder fue dominante entre sus opositores. A tal punto que la única discusión que se produjo dentro del antiperonismo —sobre todo después del derrocamiento del peronismo en 1955— enfrentaba a dos interpretaciones distintas de los efectos de la indiscutida demagogia peronista en las masas populares, como señala Spinelli[19]. Para los antiperonistas duros la demagogia había calado hondo en los trabajadores argentinos, que se habían fascistizado, y ello requería un proceso de desfascistización similar al europeo. Los socialistas de Ghioldi[20] y los demócrata-progresistas[21] representaban esta posición, además del ala dura

19 Spinelli, Mª. E., *Los vencedores vencidos. El antiperonismo y la "revolución libertadora"*, Buenos Aires: Biblos, 2005, pp. 167 y 192.

20 El socialista Américo Antonio Ghioldi fue uno de los principales representantes del antiperonismo de izquierda. Dirigió el periódico socialista *La Vanguardia* durante los gobiernos de Perón, así como los periódicos que lo sustituyeron cuando fue prohibido. Participó del fallido golpe de Estado de 1951, tras el cual huyó a Uruguay. Saludó el bombardeo de la Plaza de Mayo en junio de 1955, apoyó el golpe contra Perón de septiembre de 1955 y justificó los fusilamientos ordenados por Aramburu tras la rebelión del Gral. Valle de junio de 1956 con una frase que devendría célebre: "Se acabó la leche de clemencia". Colaboró con la dictadura de Aramburu participando de la reforma constitucional ilegal de 1957. En 1958 el Partido Socialista se dividió. Ghioldi pasó a dirigir la escisión de derecha y antiperonista, el Partido Socialista Democrático (PSD), mientras que el ala de izquierda, el Partido Socialista Argentino (PSA), fue liderada por Alfredo Palacios y Alicia Moreau de Justo. Fue diputado nacional en 1963-1966 y candidato a presidente por el PSD en 1973. Apoyó el golpe de Videla contra el gobierno de María Estela Martínez de Perón en 1976 y colaboró con la dictadura militar siendo embajador en Portugal (1976-1979). Falleció en 1984.

21 El Partido Demócrata Progresista (PDP) fue fundado por quien resultaría su principal dirigente, Lisandro De la Torre. Representante de los pequeños productores agrarios de Santa Fe, inicialmente su orientación fue liberal reformista, federalista, favorable a la protección social y al cooperativismo. Inclinado a un moderado proteccionismo económico, se opuso, sin embargo, al gobierno del radical Hipólito Yrigoyen (1916-1922 y 1928-1930), al que acusaba de personalista y centralista. En la "Década infame" formó la Alianza Demócrata-Socialista junto al Partido Socialista, alianza que llegó a gobernar Santa Fe (1932-1935). En 1935 de la Torre denunció en el Senado la corrupción en el comercio de carnes resultante del pacto Roca-Runciman (1933).

del golpe, con Aramburu[22] a la cabeza. Para los antiperonistas más "comprensivos" con el fenómeno, los trabajadores habían sido engañados en sus buenas intenciones por un Perón manipulador e irresponsable, y por lo tanto había que rescatar los anhelos populares mostrando también que lo equivocado había sido el medio escogido para tal fin. Así, había algo recuperable en la identidad

———

Tras un conflicto entre de la Torre y un senador oficialista, su compañero de bancada, Enzo Bordabehere, fue asesinado en el Senado por un matón afiliado al partido oficialista. En 1946 el PDP integró la Unión Democrática, frente opuesto a la candidatura de Perón. Mantuvo y enfatizó su posición antiperonista durante los dos gobiernos de Perón. Apoyó el golpe de 1955 e integró la convención constituyente de 1957. La formación se fue derechizando hasta colaborar con la última dictadura militar (1976-1983), a la cual aportó embajadores.

22 Pedro Eugenio Aramburu fue presidente de facto entre 1955 y 1958, después del golpe de Estado contra Perón. Máximo exponente —junto su vicepresidente Isaac Rojas— del antiperonismo, llegó a la presidencia en noviembre, tras un golpe dentro del golpe contra Eduardo Lonardi, cabeza visible de la autodenominada Revolución Libertadora, acusado de blando con el peronismo por proclamar que no habría "ni vencedores ni vencidos". Aramburu impulsó la "desperonización" del país: proscribió el partido peronista, persiguió a sus simpatizantes, prohibió sus símbolos y nombres, y ordenó el secuestro del cadáver de Eva Perón, que permaneció oculto hasta 1971, cuando fue devuelto a Perón en Madrid. El 9 de junio de 1956 tuvo lugar una pequeña insurrección cívico-militar que un Perón ya exiliado no apoyaba. Esta insurrección, que fue comandada por el general Juan José Valle, demandaba elecciones libres. Aramburu ordenó el fusilamiento de Valle y otras 30 personas desoyendo pedidos de clemencia que incluían los del Papa. Aramburu convocó en 1957 elecciones para una Asamblea Constituyente con la proscripción del peronismo. Tras varios avatares, la Constituyente dejó sin efecto la Constitución de 1949. Aramburu entregó el poder a Arturo Frondizi (UCRI), ganador de las elecciones con el peronismo proscripto, en 1958. En 1963 fue candidato a presidente por Udelpa (Unión del Pueblo Argentino), partido que había fundado en 1962, quedando tercero. En 1970, Aramburu fue secuestrado y asesinado por Montoneros, tras lo que esta guerrilla peronista denominó un "juicio popular revolucionario".

peronista, sus fines, pero no su liderazgo ni su concomitante organización. Esta perspectiva era la de la UCR.

Tanto la izquierda como la derecha antiperonista conservaron las ideas de demagogia y conducta irracional de las masas como criterios para mostrar el carácter pseudopopular de ciertos gobiernos. Porque liberales y marxistas compartían el presupuesto clave sobre el que se erigía la noción de demagogia y la primera psicología de las masas: la posibilidad de distinguir entre objetivos racionales y no racionales, normales y patológicos, autónomos y heterónomos según unos intereses pretendidamente objetivos. Para los liberales, éstos eran los derechos individuales y, para los marxistas, los intereses de clase. De este modo, todo lo que se alejara de sus parámetros era, para el marxismo ortodoxo, "falsa consciencia" y "alienación", y para el liberalismo "masas disponibles" (expresión usada por Raymond Aron entre otros). "Disponibles" significaba carentes de patrones de conducta debido a un rápido cambio social que impide la adaptación al nuevo contexto, vacío pasible de ser completado de modo ilusorio por el demagogo.

Las visiones críticas con el peronismo, tal como vimos que sucedía en las reflexiones sobre la demagogia y la psicología de masas, explicaron la afinidad de las masas con el movimiento de Juan Perón en términos de identidad esencialista, y no de identificaciones parciales y contingentes, históricas y dispares entre sí. Esa identidad esencializada se deducía del carácter humilde de esos seguidores, carentes, por tanto, de "educación" y, así, de juicio político. De ahí se concluía su condición manipulable o, como mínimo, el carácter no realmente genuino de esa identificación. Porque, además, la identidad peronista de

las masas se interpretaba como resultado de una identificación con los líderes (Perón y Eva Perón), no como la
adhesión a un programa y principios políticos, como sí
se daba por descontado con otras identidades políticas,
no menos sujetas a contradicciones e inconsecuencias
que las que se achacaba al peronismo (como la de, por
ejemplo, socialistas y radicales con la proscripción del peronismo desde 1955). Habiendo interpretado la filiación
peronista de los sectores populares como resultado exclusivo de su vínculo con los líderes, vínculo *adulterado* por la
demagogia de éstos y la condición humilde de las masas,
causó gran estupefacción la perdurabilidad de la identidad peronista, en especial durante la época de proscripción y persecución (1955-1973). Más extrañeza causaría
la peronización de la juventud de clase media en los años
sesenta y setenta. Y esta se "explicaría" aduciendo que el
vínculo de esa generación con el peronismo sólo podía
provenir de una ficción idealizante de un pasado —los
gobiernos de Perón entre 1946-1955— no vivido por esos
jóvenes. El desconcierto aumentaría con la persistencia
de la identidad peronista a pesar de hechos que los críticos del peronismo pensaron que obrarían como fin del
encantamiento: la muerte de Perón, la "guerra civil peronista" entre su extrema derecha y su extrema izquierda
a la muerte de Perón, la rutina democrática recuperada
en 1983, la conversión neoliberal del menemismo en los
noventa o el fin del mundo industrial de posguerra. Ninguno de estos hechos *desenmascaró* el verdadero rostro del
peronismo ante unos ilusos seguidores. Más bien lo que
ocurrió fue que, así como el menemismo (1989-1999)
giró al neoliberalismo manteniendo al votante peronista e
incorporando históricos votos antiperonistas, tras la crisis

del 2001, nuevos contingentes, sobre todo de jóvenes y de clases medias, se identificaron con el kirchnerismo, conservando la base popular histórica del peronismo clásico. Estas dos últimas reformulaciones de la identidad peronista —menemismo y kirchnerismo— fueron a su modo exitosas, pero no por ello estuvieron (ni están) exentas de disputas acerca de su "verdadero" carácter peronista. Hasta el punto de que el kirchnerismo señaló como su propia contracara inaceptable al menemismo.

La disputa peronista por la identidad peronista

Si todavía se podía atribuir la perdurabilidad de la identidad peronista al deslumbramiento provocado por la demagogia original —y con ello ratificar los prejuicios de la psicología de masas y la conciencia de clase—, la constante disputa interna entre los propios peronistas por definir su verdadera identidad dificulta esa lectura. Por una parte, porque la disputa muestra que los peronistas no son un mero subproducto pasivo de la voluntad de sus líderes, sino que incluso tienen conductas generalmente atribuidas a individuos autónomos, no abotargados ni por el contagio de la masa, ni por su ignorancia de la ciencia de la historia. Por otra parte, porque esa disputa interminable pone de manifiesto una de las características cardinales del peronismo, su vitalidad política, capaz de llevarse por delante incluso uno de los principios clave del propio Perón: la centralidad de la conducción y su requisito, la verticalidad. Históricamente, en el mejor de los casos, ambas pautas (centralidad y verticalidad) quedaron de hecho relegadas —aun en nombre del propio

Perón y en ocasiones contra él— a un momento posterior a la discusión acerca de quién conducía y para qué.

El propio Perón, cómo no, sintetizó así esta situación típica del movimiento: "los peronistas somos como los gatos, cuando parece que nos peleamos nos estamos reproduciendo". Por supuesto, el antiperonismo no se movió de su suspicacia e interpretó, persistiendo en sus preconceptos, que era la búsqueda del poder lo que motivaba que los peronistas después de pelearse *como gatos* se unieran al fin para afrontar una elección. Lo que no podía explicar el antiperonismo era para qué se peleaban si lo único que les interesaba era el poder. Cabe remarcar, además, la sinergia entre conflicto y hegemonía que subyace en la frase de Perón. Esa sinergia explica por qué el propio Perón afirmó en los setenta —el momento más agudo de esa disputa— que su papel en el movimiento era análogo al del Papa en la Iglesia: aglutinante y convocante, para lo cual necesitaba mantenerse neutral entre los grupos que se disputaban la identidad del movimiento. Porque el del Sumo Pontífice, como cualquier liderazgo, no se rige por la letra de la ley, ni por el cumplimiento estricto y objetivo de una ortodoxia, sino que, como elemento político que es, depende de su propia legitimidad. Y ésta no se impone desde arriba, sino que se negocia y se recoge, pues es un reconocimiento que al fin depende de la voluntad —es decir, del poder— de los gobernados.

La discusión alrededor de quién encarna el verdadero peronismo acompaña al peronismo desde su constitución misma: si Perón o Eva Perón, sobre todo tras el fallecimiento de ésta en 1952; si el Perón exiliado o el peronismo sin Perón de Vandor en los sesenta; si el Perón retornado o Montoneros en los setenta; si la Renovación peronista —acusada de mimetizarse con la socialdemocracia alfonsinista— o el peronismo clásico de Menem en los ochenta; si el Menem presidente o el Menem de la campaña electoral, en los años noventa; y si el kirchnerismo o el peronismo no kirchnerista en lo que llevamos de siglo xxi.

Varios hechos podrían ser señalados como hitos "fundadores" de esa disputa histórica, desde la organización misma del 17 de octubre de 1945 hasta la conformación del peronismo como confluencia de varias fuerzas políticas preexistentes (yrigoyenistas, socialistas e independientes), pasando por la relación con el Partido Laborista y la CGT. No obstante, todas ellas podrían objetarse argumentando que el propio Perón las resolvió "desde arriba" y a su favor. Pero aun así surgieron tensiones internas, nacidas desde las bases y a la vista de todos. Un ejemplo fue el multitudinario acto del 22 de agosto de 1951, al pie del edificio que hoy es el Ministerio de Desarrollo Social, cuando las masas peronistas pusieron en aprietos a Perón, a Eva Perón y al jefe de la CGT. Ese mismo edificio luce ahora la imagen de Evita en sus dos fachadas: fraternal hacia el sur popular y combativa hacia el norte acomodado. Aquel día se proclamaba la candidatura de Perón para las elecciones de 1951, las primeras en las que votarían las mujeres merced a la ley peronista que Eva Perón encarnó. De esas elecciones saldría al fin el segundo gobierno de Perón, iniciado en 1952 y que debía durar hasta 1958, de no haber sido interrumpido por el golpe del '55. Los peronistas allí reunidos exigieron, ante los máximos líderes del movimiento, que la candidata a vicepresidenta fuera Evita, pese a la oposición de un Perón sensible a las presiones de las Fuerzas Armadas, que recelaban del discurso más "obrerista" y radicalizado de Eva. La presión fue tal que el ya decidido renunciamiento de Eva Perón sólo pudo comunicarlo ella misma a sus simpatizantes nueve días después y por radio. Fue uno de sus discursos más famosos y conmovedores tanto por la decisión que implicaba como por su estado de salud, ya en franco deterioro, a punto tal que su muerte se produciría muy pronto, el 26 de julio de 1952.

Veintidós años después se produjo el episodio más crítico de estas disputas internas. Fue el 1° de mayo de 1974, durante la celebración del Día del Trabajador, en una Plaza de Mayo colmada para volver a vivir el rito del encuentro "del líder con su pueblo" tras dieciocho años de exilio y proscripción. En ese contexto histórico Montoneros interrumpiría el discurso de Perón con cánticos agraviantes para él y la vicepresidenta (su esposa, María Estela Martínez de Perón, "Isabelita"), en los que cuestionaba la orientación auténticamente *peronista* del tercer gobierno de Perón, iniciado meses atrás. Perón no logró mantener la calma, insultó y menospreció a Montoneros negando asimismo el carácter genuinamente peronista de sus militantes, a los que de modo implícito pero indudable llamó "infiltrados" y "mercenarios". Perón remató su envite exaltando el papel histórico del sindicalismo tradicional, que venía librando en los años recientes una lucha no sólo ideológica contra la izquierda del movimiento. Montoneros se retiró de la plaza durante el discurso de Perón, dejando un notable hueco, mientras la mayoría que permaneció en el lugar cantaba "Ni yanquis, ni marxistas, peronistas" y "Perón, Evita, la patria peronista", consigna que se contraponía a la de Montoneros "Perón, Evita, la patria socialista"[23].

El propio Perón había presentado en 1972, poco antes de su retorno del exilio y como fruto de esa experiencia de vida en Europa, una versión renovada del peronismo, que buscaba alejarse de la imagen sectaria y autoritaria que para muchos había tenido su gobierno entre 1946 y 1955. Perón dijo entonces que en la Argentina había radicales, socialistas, conservadores, liberales, pero que "peronistas somos todos"[24]. Según nuestra perspectiva, esta última frase se puede interpretar al menos de dos maneras. Por un lado, detectando en ella una cierta inclinación del peronismo a abarcarlo todo, desde las identidades políticas hasta las menudencias cotidianas, como cuando los seguidores de Perón dicen que un día soleado es "un día peronista" o al tomarse una foto cualquiera con amigos exhiben su identidad peronista representando la "ve" de la victoria con los dedos. Por otra, puede comprenderse como el signo de que el propio Perón percibía que lo que había imaginado como su obra principal, la refundación de la comunidad nacional sobre bases populares estaba en

---

23 Algunos analistas han hecho notar la semántica ambivalente de esta consigna de la izquierda peronista. En efecto, desde el punto de vista fonético la frase transmitía lo opuesto de lo que la consigna buscaba afirmar. Para esos analistas, estaríamos ante un modo inconsciente de esa izquierda de reconocer que Perón había elegido la patria peronista y no la "socialista" que ese sector propugnaba.

24 En esa dirección dijo de sí mismo el 17 de noviembre de 1972, día en que volvió al país tras su exilio, que era "un león herbívoro" y en 1973 afirmó que una de las Veinte Verdades peronistas de 1950, "para un peronista no hay nada mejor que otro peronista", debía ser modificada por "para un argentino no hay nada mejor que otro argentino".

vías de consolidación. Cabe recordar que los setenta del siglo pasado son los años en que el peronismo aglutinó más sectores sociales y orientaciones políticas diversas. En ese sentido es que ya ningún argentino podía no ser peronista, al igual que no se podía no ser sanmartiniano, de la Generación del Ochenta o radical yrigoyenista. El peronismo había llegado al panteón nacional. Desde nuestro punto de vista, ambas interpretaciones no son lógicamente incompatibles pues, en efecto, los próceres y las fiestas nacionales conmemoran lo común, lo cual no impide afinidades e incluso interpretaciones distintas para cada uno de esos acontecimientos y personajes. Y, lo que es más importante: esa vocación de universalidad le corresponde a todos los que integran ese panteón, no solo al peronismo. Quizá la diferencia radica en que el propio Perón, agudo conocedor de la lógica de lo político, explicitaba sin tapujos esa tensión entre identidad particular y vocación hegemónica, o sea: entre la reafirmación de los valores particulares de una fuerza política y su necesidad de volverlos valiosos —sobre todo en democracia— para toda la sociedad.

Frente a la imagen del líder demagógico que hipnotiza a las masas con su retórica, puede entenderse que las disputas internas sobre la identidad peronista arrastraron al propio Perón y pusieron en cuestión su presunto liderazgo omnímodo. Lo obligaron a salir del papel de "Sumo Pontífice" que pretendía ocupar y a señalar públicamente a elegidos y réprobos. Esa toma de partido desencadenó graves crisis internas, erosionó su autoridad y capacidad de gobierno, y minó la popularidad y el prestigio del movimiento. Nadie escapa, ni los grandes líderes en su momento de mayor popularidad, a la lógica de lo político:

nadie puede hacer sólo lo que desea, ni evitar pagar un precio por cada decisión que toma.

Estas controversias sobre la identidad peronista tampoco son cuestiones del pasado, atribuibles a una ausencia de condiciones o hábitos de diálogo democrático, sino parte crucial de la lucha política. En efecto, el kirchnerismo —inentendible por muchas razones sin la consolidación democrática en la Argentina— no fue la excepción: mientras para algunos realizó el peronismo *verdadero,* para otros lo secuestró en favor de ese izquierdismo setentista impropio del movimiento. Incluso el propio kirchnerismo creó su ortodoxia. Esto determinó que Cristina Fernández de Kirchner criticara públicamente, siendo su vicepresidenta, al presidente Alberto Fernández, a quien ella misma había ungido para el período 2019-2023. Descontenta con el rumbo del gobierno, la entonces vicepresidenta mandó además a renunciar a "sus" ministros y diputados para restarle apoyo al presidente Fernández. Ella no obstante se mantuvo en su cargo, pero, finalizado el mandato, rechazó cualquier responsabilidad por la obra de gobierno, aduciendo que una vicepresidenta no tiene peso político real en un sistema presidencialista como el argentino. Pero aún hay más. Para superar el desconcierto que dejó el fracaso del gobierno de Alberto Fernández y la victoria electoral de Milei, un sector ortodoxo —encabezado por Guillermo Moreno, ex secretario de Comercio— exige volver a la "doctrina peronista". Sostiene que esa doctrina sigue vigente no solo en la Argentina, sino también en el mundo. Enfrente sitúa al "progresismo globalista socialdemócrata", encarnado —según su visión— por Axel Kicillof, ex ministro de Economía kirchnerista. A Kicillof no lo considera peronista, pese a que gobierna la provincia de

Buenos Aires, la más poblada e histórico bastión electoral del movimiento.

De este modo, el peronismo combinó históricamente una tendencia a la idea de que existía una cierta ortodoxia peronista —por eso muchos de sus seguidores, para evitar las distintas versiones, se definen como "peronistas de Perón y Evita"— y otra que acepta que basta con decir que se es peronista para serlo. No son políticamente incompatibles y pueden coexistir en un mismo discurso, volviéndolo contradictorio e inconsecuente. La segunda visión supone la comprensión de una de las claves de lo político: que consiste en una disputa libre y permanente por darle sentido a los "hechos". Por el contrario, la primera niega otro rasgo crucial de lo político, derivado de la ética de la lucha: el ser responsable de los propios actos —individuales y colectivos— sin beneficio de inventario. Es habitual, sin embargo, en el discurso peronista, desembarazarse de las malas experiencias históricas afirmando que "no fueron peronistas", como cuando se sostiene que López Rega "cercó" a Perón, que el menemismo no siguió la doctrina o que el gobierno de Alberto Fernández traicionó al kirchnerismo.

¿Conceptos o pre-conceptos?

El problema de fondo —conviene remarcar— son los conceptos con que miramos, a menudo elegidos inadvertidamente sólo porque confirman nuestras filias y fobias; por eso en lugar de herramientas de conocimiento se vuelven preconceptos. Es el caso de la noción de "manipulación", que presupone lo que busca probar: un emisor (líder) omnímodo, dueño del mensaje que inocula en un receptor pasivo (las masas). Pero la comunicación no es así de transparente y unilateral, porque el lenguaje no es una nomenclatura, ni la intención del enunciador determina el sentido del enunciado, siempre resignificado en su circulación. Los dos elementos a menudo exhibidos como evidencias garantes de la manipulación no necesariamente son coherentes con ese afán: ¿cómo podría asegurarse el emisor de lo que decodificará un receptor que es "ignorante" y "carente de juicio político"? ¿Por qué esos dos rasgos irían en favor del poder del emisor y no de su neutralización o ineficacia?

En esa línea, la oratoria de Perón y Evita, las movilizaciones en la calle, la fidelidad de los seguidores y el carácter humilde de éstos fueron históricamente mostrados como pruebas evidentes de la manipulación que "el régimen" o el movimiento ejercía desde arriba y a su favor. Desde nuestra perspectiva, el problema de la manipulación es, precisamente, su supuesto carácter evidente. ¿Cómo podríamos saber o demostrar que tal cosa existe? ¿Cuál sería el criterio para detectarla? Más bien la manipulación se tiende a deducir *a posteriori,* en vista de unos resultados electorales o de opinión pública determinados, que no gustan, como constatación de la conciencia deformada de las masas por la voluntad del líder (o de los medios de comunicación, o de la alienación de clase), en virtud de las diferencias de poder existentes entre ambos. Pero, como decíamos antes, no todo el que sigue una conducción es considerado mera "masa", ni se presume que su postura haya sido deformada por la influencia del líder. En general solo son percibidos así los sectores populares o los seguidores de cierto tipo de líderes, los denominados "caudillos populistas". Como si la manipulación, en caso de existir, no pudiera tener formas diferentes, adaptadas a los actores en cuestión, adecuadas a las diferentes demandas y formas que los podrían, en todo caso, conquistar. Según estas "evidencias", todo al final recae en un estilo concreto y en unos seguidores particulares, ya que nunca se percibe como demagogia, por ejemplo, un discurso sobrio y calmo mediado por la emisión televisiva, dedicado a elogiar a las clases medias o altas. Ni una política dirigida a subsidiar la compra de ciertos bienes, como los automóviles, a endurecer la represión del delito en virtud de la "inseguridad" o a satisfacer la autopercepción de ciertos sectores medios tratándolos como si pertenecieran a las clases altas en una política de rebaja de impuestos. Pero sí en cambio una arenga en un acto masivo ante una gran concurrencia fervorosa en el cual se exaltan las cualidades del pueblo, o se promete una política pública de suba del salario mínimo.

Es lo que ocurre en España, donde esta percepción del peronismo como demagogia fue dominante en el PSOE de Felipe González en los años ochenta y está presente desde hace unos años sobre todo en el conservador Partido Popular y en los medios de derecha. La repercusión en España de la tercera ola populista latinoamericana (encarnada en Hugo Chávez, Evo Morales y Rafael Correa) hizo que las derechas se identificaran con el anti-populismo y, a su vez, que el ala renovadora del PSOE encabezada por José Luis Rodríguez Zapatero y continuada por Pedro Sánchez, encontrara en el kirchnerismo, en este nuevo contexto internacional, un aliado. Esto último no significa necesariamente que la mirada socialdemócrata sobre el peronismo clásico haya cambiado de modo radical, pero sí que las posiciones tendieron a cierta convergencia en virtud de las transformaciones de ambas identidades políticas en las últimas décadas[25]. Pero esa perspectiva que asocia y reduce al peronismo en particular y a lo que llama populismo en general, a demagogia, no rechaza sin embargo todo liderazgo, ni siempre atribuye la popularidad de un dirigente al carácter manipulable de las masas. Bastaría con citar el caso del rey Juan Carlos de Borbón en España y la protección mediática que disfrutó durante décadas, como modo —ahora sí— de intentar construir artificiosamente un liderazgo desde arriba ocultando sus casos de corrupción y presentándolo como "el rey campechano". Pero el discurso europeísta dominante también presenta la Europa contemporánea como un continente resistente a los totalitarismos, reconstruido y luego unificado gracias a grandes liderazgos como los de Churchill y De Gaulle, y, más tarde, Adenauer, Mitterrand, Kohl, Felipe González, Thatcher o Andreotti. Sin embargo, no

---

25 En los años ochenta la UCR liderada por Raúl Alfonsín era vista —desde luego con su agrado— como el partido de referencia para los socialdemócratas españoles y europeos, lo cual era rechazado por algunos líderes peronistas como una suerte de extranjerización ideológica. Pero esto ha ido cambiando con los años. El propio Alfonsín impulsó la afiliación de la UCR a la Internacional Socialista en 1996, de la cual llegó a ocupar una vicepresidencia, además de presidente del comité para América Latina y el Caribe. Pero tras su fallecimiento en 2009 la UCR, dada su oposición al kirchnerismo, comenzó a converger con la derecha y acabó aliada con el PRO de Mauricio Macri. Mientras, el kirchnerismo, sin abandonar su impronta nacional-popular, fue abrazando temas de la agenda progresista europea, como los derechos humanos, el matrimonio igualitario o la interrupción voluntaria del embarazo, lo cual hizo que estrechara lazos en España con el PSOE.

ve en ellos ni un ápice de todo lo que atribuye a los liderazgos que denomina demagógicos o populistas. Por eso
más que europeísta, este discurso se vuelve eurocéntrico.
Lo que este punto de vista no percibe es la diversidad
de las formas carismáticas de expresión política. Justamente porque —como vimos— el carisma no tiene
que ver con la capacidad del líder de hipnotizar a las
masas, sino con la creencia de éstas en que un dirigente tiene cualidades excepcionales para la política —o,
mejor, para una política—, y por eso se identifica con
él erigiéndolo en líder. Por eso los liderazgos europeos
—como los latinoamericanos— no resultaron de un
cheque en blanco firmado por los seguidores, sino que
estuvieron ligados a la consecución de determinados
fines políticos precisos, en razón de lo cual sufrieron
también desgastes y en algún momento terminaron. El
caso más notorio, aunque no el único, es el de Churchill. Pero ni Mitterrand, ni Thatcher, ni González, al
igual que Perón, Menem o Cristina Kirchner, corrieron
mejor suerte. Si el poder de éstos se hubiera debido
a su capacidad de hipnotizar, habría terminado solo
cuando ellos hubieran querido. Pero como dependía
de la creencia de sus seguidores en sus cualidades para
determinadas empresas políticas, su duración quedó
sujeta a esa evaluación, también racional.

Lo que sí parece un rasgo clave de la llamada manipulación es la adulación, cuyo contenido y función también
se presumen evidentes: el líder halaga al pueblo elogian-
do su carácter, lo cual hará que éste lo siga y vote. En este
caso también se presupone, como en la manipulación,
un emisor todopoderoso, que controla el proceso de comunicación, y un receptor pasivo y fácil de conquistar.

El problema es que el principal presupuesto en el que se apoya este razonamiento, que en política el lenguaje se usa para describir una realidad externa, queda intacto, dado por sentado. Pero hay otro modo de ver este asunto. En efecto, en la lucha política el lenguaje no se usa principalmente para describir una realidad externa, sino para movilizar voluntades orientadas por ciertos valores. Con el objetivo de construir ese deseo de actuar políticamente el lenguaje es clave para hacer ver a la ciudadanía que un horizonte nuevo es posible y que ella puede ser la protagonista para alcanzarlo. El lenguaje no sólo crea un horizonte, sino que también interpela a los ciudadanos y construye así un sujeto político. Es lo que se llama performatividad del lenguaje: volver verosímil lo que se nombra en el acto mismo de decirlo. Esto es lo que hace todo discurso político en alguna medida, por lo que toma distintas formas, como vimos que ocurría con la demagogia, aunque habitualmente se lo asocie sólo a un tipo de enunciación. Eso que se denomina "adulación" estaría presente tanto cuando el líder "populista" afirma las bondades del pueblo como cuando un presidente del gobierno, ante una situación crítica, sostiene que "España es una gran nación y estará a la altura de sus desafíos". En nuestra tradición, habituada a entender el lenguaje como una herramienta transparente para nombrar las cosas que ya existen, nos cuesta pensar en el lenguaje como creador de realidad, a pesar de que, por ejemplo, en España se haya considerado valiosa, por su impacto en la percepción social, la reforma de la Constitución de 2024 que sustituyó el término "disminuido" por "persona con discapacidad".

En su artículo clásico sobre el peronismo, Gino Germani[26] hace una reflexión rica y sugerente sobre la relación entre peronismo, demagogia y manipulación que nos puede ayudar a pensar este problema. Su texto estaba enfocado especialmente en ese vínculo entre dirigentes y dirigidos porque su punto de vista era más bien el de la psicología social.

En ese terreno, Germani es ambiguo. Por un lado, y contra el sentido común antiperonista de su época, no solo sostiene que el peronismo no fue fascista debido a su composición de clase. Señala además que las clases medias y altas que apoyaron al fascismo en Europa incurrieron en una conducta más irracional que la de las clases populares argentinas que respaldaron al peronismo, pese a estar mejor formadas y a haber sufrido más bajo los regímenes fascistas.

Como se puede observar, Germani no rompía esa equivalencia entre clase, saber y conducta que vimos era parte tanto del concepto clásico como del moderno de demagogia. Pero sí la resquebrajaba al afirmar que la política es algo más que "cultura" o "conocimiento" y que, en todo caso, no sólo las clases populares están expuestas a caer en la irracionalidad. No obstante, Germani afirma que el peronismo se encontró con "masas disponibles". Esas que habían migrado del campo a la ciudad en los años anteriores a 1945, a las que les atribuye —fruto de su medio de origen y de la falta de experiencia obrera—

---

26 Germani, G., "La integración de las masas a la vida política y el totalitarismo", en *Política y sociedad en una época de transición,* Buenos Aires: Paidós, 1962 [1956], pp. 326-353.

cierta inmadurez política y hábitos rurales tendientes al liderazgo paternalista.

Y hay otra ambivalencia interesante en Germani. Para él, lo distintivo del totalitarismo es lo que denomina el "*ersatz* [sucedáneo] de participación". Con esto se refiere a una ilusión de participación de las masas que, en realidad, genera el líder y lo beneficia. Por eso para Germani el totalitarismo es lo opuesto a la democracia, que supone la "genuina" participación de los ciudadanos. Parece claro que esta "ilusión de participación" guarda estrecha relación con la idea moderna de demagogia. Para Germani, el peronismo se diferencia del nacionalsocialismo alemán y del fascismo italiano debido a su composición de clase. Pero se parece al nacionalsocialismo alemán y al fascismo italiano en que fueron una "dictadura totalitaria", pues promovieron un "sucedáneo de participación" de las masas. No obstante, Germani dirá que las masas no se vincularon al liderazgo de Perón por "un plato de lentejas".

Desde mi punto de vista, con esto Germani está diciendo al menos dos cosas útiles para nuestra propia búsqueda de la lógica del peronismo. Por una parte, que no fueron los resultados materiales —que es la visión tradicional, incluso de muchos peronistas— lo que hizo que las masas siguieran a Perón y, además, que esos beneficios materiales no fueron las sobras del Estado ni una dádiva graciosa del líder, más allá de que las ganancias iniciales luego se diluyeran por la inflación y la crisis económica del segundo mandato. La tensión entre la "ilusión de participación" y un vínculo que no se apoya en "el plato de lentejas" permite cuestionar la idea misma de demagogia. Más aún: desnuda la normatividad —que ya hemos descrito— de las nociones clásica y moderna de demagogia.

Antes de concluir este apartado, es necesario hacer una última aclaración. Tal como lo hemos heredado, el concepto de demagogia solapa dos problemas. Uno es el de la manipulación de la voluntad de los dirigidos por parte del líder. Otro es el respeto a las reglas del juego. Este segundo proviene del concepto clásico, mientras que el primero deriva de la concepción moderna. A los ojos de los antiperonistas, como se ha visto, el peronismo fusionaba ambos conceptos: la manipulación de las masas por el líder era la base del régimen dictatorial con aspiraciones totalitarias.

Conviene entonces deslindar ambos problemas, pues ameritan respuestas diferentes. Hasta aquí nos hemos detenido principalmente en el cuestionamiento del vínculo líder-masas, al que interpretamos como normativo, es decir, un modo al fin de cuestionar de manera indirecta las demandas de los peronistas.

Pero la relación del peronismo con las reglas del juego es una cuestión diferente, que no se deduce de la anterior. Trataremos este problema en el capítulo dedicado a la patrimonialización peronista del pueblo y la nación, en la segunda parte de este libro.

Si hasta ahora hemos respondido a las preguntas europeas típicas que suele suscitar el movimiento fundado por Juan Perón, de aquí en más, en la segunda parte, identificaremos algunos rasgos invariantes que, más allá de sus versiones de época, esta fuerza política ha mantenido a lo largo de su vasta historia. Quizá en ellos encontremos la punta del ovillo para responder el interrogante del millón: ¿qué es el peronismo?

Vayamos allí, entonces.

Segunda parte:
Lo invariante en el peronismo

Introducción
Ni unicornio, ni camaleón: contra la excepcionalidad del peronismo

Una vez hecho el intento de despejar las clásicas preguntas *europeas* acerca del peronismo, trataremos de distinguir entonces algunos rasgos invariantes que, según nuestra perspectiva, se pueden hallar en las distintas experiencias históricas peronistas, sobre todo las de gobierno. Son tres y los entendemos más como formas que como contenidos:

1) *Salir del desorden.* Es decir, la transformación del régimen social existente como modo de reconstruir un orden amenazado o perdido. Según esto, el peronismo tiende a confrontar con el orden existente porque ve en él más que un orden malo, un desorden. Ese desorden amenaza con "destruir" la comunidad. La causa principal es la falta de una cohesión social que se sustenta no solo ni sobre todo en lo material, sino en el reconocimiento otorgado por el empoderamiento y la inclusión de los sectores populares y olvidados, convertidos ahora en el corazón de la nación.

2) *La tendencia a patrimonializar el pueblo y la nación.* La inclinación por identificar a los peronistas con los auténticos argentinos y a los opositores como menos representativos del pueblo argentino y de los intereses de

la nación, cuando no con sus adversarios o enemigos ("antipatria").

3) *La traslación del poder.* La tendencia a autoconsiderarse un actor con menor poder relativo en contraste con los sectores que ostentan el poder real. En virtud de esto, el poder que el propio peronismo tenga siempre será poco en comparación con el verdadero poder, pues el poder político es formal y débil comparado con el poder social, económico y militar, tanto nacional como internacional. Esto podría llevar a una tendencia a acumular poder político, por ejemplo, denunciada por el antiperonismo como anti-republicanismo o anti-liberalismo político.

El primer desafío, en todo caso, será no confundir "invariante" con "esencial". En efecto, tanto el discurso apologético como el apocalíptico sobre el peronismo tienden explicarlo como algo excepcional que permanece a lo largo de la historia, en lo fundamental, idéntico a sí mismo. Sólo así puede, precisamente, representar siempre el apocalipsis o la redención. Ya lo venimos viendo: ambas perspectivas difieren en el contenido, pero no en la forma de pensar el peronismo. Para la primera, el peronismo es autoritario, demagógico y sólo busca el poder, mientras que para la segunda es poco menos que la única manera de realizar los intereses nacionales y populares del país. Pero ambas piensan que hay un único peronismo a lo largo de la historia y que éste es algo inexplicable con los parámetros políticos habituales como, por ejemplo, la distinción izquierda-derecha, que sería específicamente *europea.* Ambas coinciden en ver al peronismo como una esencia atípica y por tanto un modelo (de Bien o de Mal, así, con mayúsculas). No hace falta decir que es un modo antihistórico de pensar, ya que no puede integrar lo único realmente permanente: el cambio. Éste, en el mejor de los casos, es presentado como mera apariencia, para así empotrarlo como reiteración de esa esencia originaria y modélica.

Pero también buscamos huir de la posición que elude el problema deshaciendo el objeto de estudio. Según ésta, no existiría tal cosa como "el peronismo", sino en todo caso "peronismos" irreductibles entre sí, lo que volvería no pertinente interrogarse por los rasgos del peronismo. Cabría decir, no obstante, que utilizar el término "peronismos" supone ya la idea de una continuidad, aunque no se la acepte o reconozca.

Vamos a intentar explicar el peronismo mostrando lo que tiene en común con otros fenómenos políticos —y así eludir la idea de esencia atípica e irrepetible— y, a la vez, interpretando su particularidad sin valorarla (ni positiva, ni negativamente), a fin de evitar la idea de "modelo". Afirmar que el peronismo es "la" ideología argentina es otro modo de esencializarlo y de pensarlo como arquetipo. Eso sí, un arquetipo que no ocuparía el lugar del universal simplemente porque no puede haber especies, porque se trata del modelo propio de una única nación, la argentina.

Desde nuestro punto de vista, lo relevante de lo político es la particularidad, pues como una de las características fundamentales de lo humano-social es la inventiva y la imaginación, inevitablemente da lugar a una diversidad de creaciones. Por eso, sostenemos que existen históricamente distintos peronismos, sin que esa variedad sea un rasgo exclusivo de esta identidad en particular, sino algo propio de cualquier identidad política —en especial cuando tiene ochenta años de existencia—, sea el peronismo, la socialdemocracia, el liberalismo o cualquier otra. Una fuerza política no es la encarnación de un núcleo ideológico originario y esencial, sino que responde a unas orientaciones generales de valor que luego deben encarnarse en unos contextos históricos por definición variables, lo que la obliga a adaptarse y cambiar.

Además, queremos evitar el privilegio de la "experiencia" como vía de conocimiento, sea la de las masas trabajadoras redimidas o la de las clases medias oprimidas. Si algo obliga en el proceso de conocimiento no es ni lo vivido por los actores, ni los valores políticos que nos guían, sino las herramientas teórico-conceptuales que elegimos para construir y explicar los fenómenos históricos. Cuando alguien para reforzar la legitimidad de su argumento afirma: "a mí nadie me tiene que contar la Guerra Civil española porque la viví", debería reconocer que existe, al menos, otra perspectiva opuesta a la suya e igual de válida: la de quien vivió la guerra desde el lado contrario. Lo mismo ocurre con el peronismo. Apelar a la experiencia directa como fuente de verdad obliga a la irracionalidad de aceptar como indiscutibles al mismo tiempo dos explicaciones opuestas y excluyentes.

Por último, entender los invariantes como formas antes que como contenidos, permite apreciar las continuidades y las diferencias a lo largo de la historia sin privilegiar unos contenidos sobre otros. De lo contrario, se acabaría, por ejemplo, dando mayor autenticidad al rasgo "laborista" del primer peronismo —por ser el primero— frente al "tercermundista antiimperialista" de los años setenta. Así, en lugar de buscar la coherencia o identidad en una repetición más o menos fiel del contenido original, entendemos que la variación estaría contenida por una forma a la que sirve. Por ejemplo, los distintos peronismos históricos suelen diagnosticar la situación previa a su gestión como un desorden social y plantean superarlo construyendo un nuevo orden. En esto consistiría realmente gobernar: dominar la situación.

Aclaradas estas cuestiones, vayamos ahora a los tres rasgos invariantes del peronismo.

1. La gran transformación: romper con el desorden

El peronismo articuló dos conceptos que, en principio, y sobre todo en aquella época, raramente se asociaban: orden y transformación. Es decir, lo transformador es el orden social o, dicho de otro modo, la revolución es salir del desorden dominante, vigente, actual, y ya no —como para la izquierda clásica— romper con el orden. No se trata de derribar un orden malo para crear uno mejor, sino de transformar el desorden existente en un orden. Así, para el peronismo transformar no requiere desordenar, sino todo lo contrario. Y, a la vez, buscar el orden no implica conservar. De paso, no le concede al régimen realmente existente la cualidad de ser propiamente un orden político, de ordenar la comunidad.

Esta operación de desarticulación y rearticulación de significados se apoya en una premisa casi epistemológica, típica del modo en que el peronismo comprende lo político: el sentido de un acto de gobierno no reside necesariamente en la letra jurídico-institucional, sino en su efecto real sobre la vida colectiva. Por eso un gobierno o un orden político no son necesariamente tales porque se hallen consagrados legal y formalmente, sino porque logran crear una vida comunitaria en efecto ordenada. El peronismo no da por sentado que un régimen constituye por sí mismo un orden: eso equivaldría a presuponer lo que justamente debe conseguir. Para el sentido peronista de la política, el orden implica ante todo legitimidad, es decir, su vigencia depende del reconocimiento de la comunidad. Si esa legitimidad brota de la legalidad, tanto mejor, pero la legalidad por sí sola no asegura nada. Debe ser reconocida, creída y respetada. Eso es lo que la política pone en juego cada día; nada queda asegurado para siempre por estar rubricado en la ley. Para saber cómo funciona el orden, el peronismo nos invita a mirar la *auctoritas*, más que la *potestas*; lo que es, más que lo que debería ser; la forma en que se vive, más que el plan trazado por el legislador.

El famoso discurso que Perón pronunció en 1944 como miembro del gobierno de facto en la Bolsa de Comercio expresa bien estas ideas. Aquello que se propone como lo nuevo no va contra el orden, sino contra el desorden vigente, que por eso se ha vuelto viejo. No se apela a la imagen típica del discurso revolucionario, que suele asociarse a lo antisistema o contrahegemónico, sino que se apunta al "orden" vigente por alentar el caos, el desbarajuste. ¿Por qué el orden vigente es en realidad un desorden? Porque no contiene ni incluye a todos los sectores sociales, en especial a las mayorías populares. Así, según Perón, ese orden termina alentando la revolución social impulsada por el comunismo, a la que el liberalismo —sobre todo el económico— abre la puerta al convertirse, como ley del más fuerte, en generador de exclusión. Pero el anticomunismo de Perón no es el clásico de las fuerzas de derecha o reaccionarias, temeroso de la presencia popular. Se basa, más bien, en la demanda de cohesión social, que exige el reconocimiento del pueblo por parte de la comunidad y, en especial, del Estado. Viene expresado en uno de los lemas del movimiento, el que manifiesta la llamada "Tercera Posición": "ni yanquis, ni marxistas, peronistas"[27]. Esta Tercera Posición no se entiende fuera del contexto de la naciente Guerra Fría y otorga al peronismo trazos de movimiento tercermundista y antiimperialista. Sin embargo, su formulación resulta ambigua: pretende situarse a igual distancia de dos polos que el propio lema, en realidad, no coloca en pie de igualdad. En efecto, "comunismo" es una ideología y remite a un orden político y social entonces vigente y con voluntad de internacionalización, originado en la Revolución Rusa y encabezado por la Unión Soviética. Pero "yanquis" es más bien un gentilicio, que remite a un sistema de dominación mundial, aunque difumina —sobre todo comparado con "comunistas"— la unidad del conjunto sobre el que se aplica: la democracia liberal y el capitalismo. Se diría que, para criticar el imperialismo y el libre mercado, el lema termina opacando el capitalismo.

En cualquier caso, el peronismo —o quizá mejor, Perón— nunca ocultó su aspiración a un capitalismo nacional, keynesiano y redistributivo. Como ya se vio antes, su propósito igualitario no le exigía cambiar el sistema económico, como sí ocurría por ejemplo en la tradición socialista de cuño marxista. Sólo el ala izquierda revolucionaria peronista, a partir de los años 60, vinculó soberanía nacional y socialismo. Lo hizo inspirada en la Revolución cubana y en los procesos de liberación del Tercer Mundo. Se trata, por tanto, de un socialismo distinto:

---

27 Lema al que ya aludimos en el apartado dedicado a la disputa por la identidad peronista, en el tercer capítulo de la primera parte.

explícitamente nacionalista y alejado del socialdemócrata de la Segunda Internacional. De todos modos, cabe decir que ni el socialismo democrático de la Segunda Internacional, ni el socialismo ligado al mundo soviético, ni el socialismo tercermundista lograron desarrollar un sistema económico alternativo al capitalismo que merezca el nombre de "socialista". Al menos no tal como sus pensadores clásicos lo habían esbozado, incluyendo inexcusablemente la propiedad colectiva de los medios de producción y la democracia fabril. Lo que hubo en el mundo soviético fue una economía planificada que nunca logró superar —si es que se lo propuso— el momento de centralización estatal, a la que por ello no pocos llamaron capitalismo de Estado. Por su parte, el socialismo de la Segunda Internacional fue adaptándose cada vez más al capitalismo y dejando —en el mejor de los casos— en manos de un futuro abierto e indeterminado la posibilidad de dar lugar a formas socialistas de economía. De hecho, en la posguerra, la socialdemocracia reinterpretó su preocupación originaria por una economía socialista. La concibió como una democratización creciente de la economía, basada en la coparticipación de los trabajadores en la empresa, en la redistribución de la riqueza y en la mejora de las condiciones laborales. A ello añadió la apuesta por poner al servicio de la comunidad su tácito reconocimiento de la productividad capitalista. De este modo, como lo dejó por escrito en Bad Godesberg en 1959, aceptó el mercado y lo relacionó con la democracia, como reaseguro del pluralismo. El socialismo del Tercer Mundo subrayó el papel del Estado como vía de protección de la independencia nacional recién conquistada y no siempre lo hizo en un marco democrático liberal representativo, con pluralismo político. En definitiva, desde la segunda posguerra hasta hoy, las democracias liberales, representativas y pluralistas —ámbito en el que se ha movido el peronismo— han ofrecido una única disyuntiva: un capitalismo con mayor o menor regulación estatal. Ni siquiera el neoliberalismo eliminó esa regulación; simplemente la redujo. En síntesis, disimular la propia posición respecto del capitalismo no ha sido un problema exclusivo del peronismo; lo comparten todas las corrientes que, internamente, respaldan una democracia social y, externamente, se inclinan por el bloque occidental sin alinearse estrictamente con Estados Unidos. Además, el peronismo ha sido en ese sentido más coherente que la socialdemocracia. A diferencia de ésta, nunca se propuso instaurar un sistema económico nuevo o superador del capitalismo; más bien se opuso al capitalismo de libre mercado, tanto por sus consecuencias en términos de soberanía nacional como de justicia social. En efecto, como auténtico nacionalismo popular, su propósito fue valerse del Estado para ampliar el margen de soberanía nacional desde la periferia mundial. Esa misma lógica inspirará más tarde al Movimiento de Países No Alineados, en un contexto de disputa imperialista entre dos superpotencias. Así, para el peronismo el pacto entre Capital y Trabajo, típico de la segunda posguerra, satisfacía lo social (justicia redistributiva) y lo nacional (soberanía, independencia), evitando la lucha de clases y construyendo orden. Todo esto queda perfectamente canonizado en lo que Perón denominó las tres banderas fundamentales del movimiento: Independencia Económica, Justicia Social y Soberanía Política. Cuando estos tres principios se realizan, hablamos de una Comunidad

Organizada y de una Patria libre, justa y soberana. Allí se produce una simbiosis entre lo individual y lo comunitario. En otras palabras, "la comunidad sólo puede realizarse en la medida en que se realice cada uno de los ciudadanos que la integran" y "nadie se realiza en una comunidad que no se realiza". "Justicialismo" es el nombre que mejor resume y articula toda esta visión. Al entender que la igualdad no sólo es deseable y eficaz en términos sociales, sino también de comunidad nacional, el ideario peronista —sobre todo en su etapa clásica— adquirirá, como hemos esbozado antes, rasgos organicistas. El organicismo, más que una ideología concreta, es una cosmovisión que puede dar forma a distintos contenidos y tendencias de pensamiento. Si a esto le añadimos que estamos hablando del peronismo, sospechado de "fascismo criollo" o cuando menos de "populismo iliberal", el argumento parece confirmar todos los prejuicios: un líder sobredimensionado, gran demagogo y manipulador, frente a unas masas pasivas que actúan como su rebaño complementario. Sin embargo, y contra esta "evidencia", en el organicismo las partes adquieren un valor fundamental en dos sentidos. Por un lado, porque todas ellas, a pesar de sus diferencias, valen igual, ya que todas son igualmente decisivas para la constitución y el funcionamiento del conjunto. En efecto, si apelamos a una demostración por el absurdo, basta pensar en el cuerpo humano: el apéndice —órgano cuyo propio nombre parece contradecir el organicismo— puede resultar tan decisivo como el corazón o los pulmones. No es su ausencia lo que pone en riesgo la vida, sino su infección, tan letal como el fallo de órganos supuestamente más importantes. Este hecho revela un segundo sentido en que las partes acercan su

propio valor al nivel del valor del todo: sin ellas, el todo
deja de serlo. Puede decirse entonces que el organicismo
tiene dos ejes, el vertical que afirma la jerarquía de la
cabeza sobre el cuerpo, y el horizontal que remarca la
misma necesidad de cada órgano para que el conjunto se
realice (y de ahí que el todo sea más que la suma de las
partes). Visto por la negativa: ninguna parte por sí sola
puede dar cuenta del conjunto como tal.

El peronismo, al interpretar su contexto histórico de
surgimiento en términos de exclusión de los sectores populares, enfatiza el eje horizontal sobre el vertical. Dicho
de otro modo, acentúa el protagonismo de los sectores
populares para nivelar su posición frente al capital y así
obtener un equilibrio social que haga funcionar el conjunto. Ese equilibrio solo se alcanza y se asegura mediante una autoridad estatal verdaderamente efectiva —no
meramente formal—, y no necesariamente mediante la
figura del líder, como suele creerse. El mayor énfasis relativo del peronismo en el componente horizontal del
organicismo se origina en su propia lectura del contexto
de su nacimiento: externo, la Guerra Fría; interno, la estructura oligárquica. Por eso sus rasgos obreristas y su antiimperialismo norteamericano no contradicen, sino que
refuerzan su anticomunismo. El temor a la disolución
de la organicidad, entendida como garantía del orden,
es un componente antiliberal clásico que el peronismo
comparte con los fascismos de la época. También, desde
luego, el anticomunismo. Pero el modo de resolver ese
nuevo orden dentro de la democracia liberal representativa, a pesar de sus tensiones con ella, es una diferencia sustancial e ineludible del peronismo respecto a los
fascismos europeos. La propia democracia europea de

la segunda posguerra, como ya hemos dicho y conviene recordar aquí, también basó su fortaleza en el equilibrio social entre capital y trabajo como modo de evitar tanto la "lucha de clases" interna como el totalitarismo. En definitiva, el pasaje de un Estado de derecho clásico al Estado social de derecho se concretó a través de la compensación vía Estado keynesiano del liberalismo político y económico decimonónicos.

La desconfianza peronista en el orden vigente como potencial desorden expresa, por un lado, su aguda sensibilidad respecto de la lógica de lo político. Una lógica que, como hemos dicho, se juega más a posteriori en la siempre inasible y voluble legitimidad que recibe de los gobernados que ex ante en la fría letra de la ley. Pero, por otro lado, esa desconfianza en el orden existente implicó muchas veces la aspiración más o menos expresa a un orden "verdadero", definitivo, el del pueblo y la nación, inmune al desorden. En la idea del peronismo como irreductible ideología nacional argentina muchas veces anidaba la ilusión de que la dificultad constante de construir un orden legítimo no era tal y se debía más bien al capricho profesional de los políticos de partido para justificar su posición pública. Por eso el peronismo de Perón también se caracterizó por un discurso anti política y anti partidos que no provenía tanto de la necesidad coyuntural de romper con el viejo orden de la llamada "Década infame", como de la cosmovisión organicista que, en buena lógica, no podía aceptar que las partes quisieran reordenar el todo en lugar de ser funcionales a él.

El peronismo clásico puede ser entendido, en definitiva, como un gobierno de construcción nacional moderna. Por eso es más que un gobierno. Se lo puede pensar como una etapa que culmina un proceso del cual también forman parte la Generación del Ochenta y los gobiernos radicales (1916-1930). A primera vista, la idea resulta extraña: parecería borrar las diferencias entre esos tres momentos, en especial las que separan el proyecto del ochenta del yrigoyenismo y del peronismo, mucho más próximos entre sí. Pero no es así, porque un proceso de construcción nacional no tiene por qué ser un continuo homogéneo y evolutivo, en el que sólo se van agregando piezas que completan el cuadro final. Implica, por el contrario, fuertes disputas internas a propósito del modelo de país. De hecho, como dijimos en otro pasaje, es frecuente que a las independencias nacionales les sucedan guerras civiles entre los antiguos aliados revolucionarios. Para el peronismo, el proyecto de la Generación del Ochenta significó la derrota de una idea de país basada en la economía federal y en el mercado interno. En su lugar consagró un modelo agroexportador que privilegiaba la Pampa Húmeda y la conectaba con el mercado mundial a través del puerto de Buenos Aires. La "Década infame" (1930-1943) había significado su *restauración,* tras el primer momento democratizador y nacional-popular del radicalismo. El pacto Roca-Runciman lo confirmaba. Los dos momentos oligárquicos demostraban, para el peronismo, que una economía extranjerizada, al servicio de la minoría oligárquica, provocaba y exigía la exclusión política, social y económica de las mayorías populares, sostenida además por la represión. El radicalismo había significado un primer momento de protagonismo popular-democrático y de economía nacional a través de un Estado interventor, pero no había llegado a romper con el modelo de acumulación agro-exportador que le daba el poder real a la oligarquía. El yrigoyenismo no había podido ni sabido sustentarse en una base de poder político popular real; de ahí surgió, en parte, el Golpe de 1930. Aunque incorporó la tradición yrigoyenista, el peronismo se presentó como una ruptura con el pasado, decidido a no repetir los errores del radicalismo en términos de voluntad de poder. La revolución peronista consistía entonces en la construcción de un nuevo país basado en un poder popular robusto. En el largo y conflictivo proceso de construcción del Estado moderno, el peronismo había venido a dotar a la nación de un pueblo, lo cual implicaba desplazar a la oligarquía local y a sus socios del capitalismo internacional. En ese sentido, cabría decir que el peronismo es el proyecto más moderno de los tres, en tanto le resulta inconcebible un Estado Nación que pueda ser autónomo sin estar legitimado por la participación popular democrática.

Esto lo logró, fue su principal legado histórico, porque las masas ya no pudieron dejar de ser tomadas en cuenta, aun cuando el peronismo estuvo proscripto y perseguido. Incluso los distintos intentos de revertir el "modelo peronista", que buscaron —o buscan hoy— remover sus bases económicas para en verdad segar los pilares del protagonismo popular, tuvieron que hacerlo apelando a esas mismas masas, prometiéndoles la verdadera satisfacción de sus demandas. Con el peronismo, lo popular pasó a ser el centro de la política argentina, aun antes de que la democracia estuviera consolidada. Y aquí cabe apuntar un dato curioso. A pesar de su crítica del proyecto oligárquico del ochenta y de la "Década infame" y de su recelo genérico respecto del liberalismo como ideología de clase, el peronismo no metió en la misma bolsa liberalismo económico y liberalismo político. Más bien descartó con fuerza al primero y, a pesar de todo, mantuvo e incluso amplió el segundo, sobre todo con el voto femenino, vigente desde 1947 con la "ley Evita". Pero construyó, además, políticas institucionales no estrictamente electorales, pero sí participativas, como la gratuidad universitaria o la socialización del ocio. De este modo, si aceptamos que la característica principal del peronismo fue haber canalizado una revolución social y política a través de las instituciones liberal-democráticas, la conclusión es que éstas representaron el recipiente del orden, que como vimos es un valor especialmente preciado para el movimiento liderado por Juan Perón.

Dicho esto, conviene ahora analizar cómo concibe el peronismo la democracia; ello permitirá entender las reservas que muchos mantienen al respecto.

Igualdad como proceso de democratización

Entendemos aquí la democracia como sinónimo de igualdad en la medida en la que tiende a equiparar los derechos no sólo políticos, sino sociales y económicos de los actores. Pero no se trata sólo de lo jurídico-formal, ni de lo "material", sino de un proceso de subjetivación, esto es, de autocomprensión de los sujetos como iguales en su participación y su capacidad de decidir el rumbo de la comunidad.

La democratización no siempre se alcanza a través de la democracia, entendida tal como solemos hacerlo: Estado de Derecho, sufragio universal, libertades de participación, expresión y asociación; lucha política a través de partidos, movimientos sociales y sindicatos; pluralismo de ideas y costumbres, etc. Aquí nos topamos con un problema. En efecto, en nuestro lenguaje habitual hablamos de "democracia" sin más y la referimos a esas características que acabamos de enumerar como si fueran las únicas posibles. Sin embargo, limitar la palabra "democracia" a esas notas resulta inconsistente, porque hace pasar la democracia liberal representativa por la democracia a secas. Pero no hay una sola forma de entender la democracia. De hecho, existe una tensión fundamental entre dos significados posibles del concepto de democracia: como voz del pueblo y como gobierno limitado; es decir, entre democracia como representación de los intereses colectivos y democracia como defensa de los derechos individuales. Esta fricción no es una deficiencia que deba subsanarse, sino parte de la propia democracia, entendida como un proceso siempre abierto e inacabado, con un poder concebido como "lugar vacío" porque ningún sujeto puede encarnar una verdad o palabra definitiva: todo permanece abierto a la discusión. Definir qué es la democracia forma parte de la propia discusión democrática; una discusión que no puede llegar, por otra parte, a algo así como una conclusión definitiva. Es siempre provisional. El ejemplo más claro de esa tensión entre las "formas democráticas" —o "reglas del juego", que siempre encarnan valores— y la democratización como proceso se encuentra en las llamadas "revoluciones burguesas", así como en las independencias y procesos de liberación ocurridos en los siglos XIX y XX. Todos estos procesos comportan situaciones de fuerza, ilegales por definición, pero que, desde la lógica de la institucionalidad informal, resultan democratizantes. El discurso de las democracias sobre sí mismas —en especial el de las europeas, de corte consen-sualista— suele ocultar ese origen "impuro", propio de lo político, donde el bien y el mal siempre se entremezclan.

La tensión entre democratización y democracia no sólo puede atribuirse a momentos excepcionales, de remode-lación del orden y de resignificación del *demos* legítimo[28] —como las revoluciones e independencias—, sino a la normalidad democrática, porque se trata, precisamente, de un proceso de construcción siempre abierto e indeter-minado. No casualmente, la fricción de la que hablamos puede reavivarse con la incorporación de nuevos actores a la democracia, cuando el *demos* legítimo normalizado envejece frente a las nuevas demandas. Esa incorporación obliga a redefinir la igualdad sobre bases más amplias. Bastaría nombrar el caso de las mujeres, pero también el de vastos colectivos postergados que han irrumpido en la lucha por la representación con mucha fuerza en las últi-mas décadas a partir de diferencias culturales, de género, de sensibilidades o modos de vida. La democracia sería entonces un proceso interminable y siempre renovado de reconocimiento de la igualdad de las diferentes, que comienza por el derecho mismo a tener voz.

Gino Germani, a quien ya hemos citado, percibió cla-ramente esta tensión en el peronismo. Germani era un italiano que llegó a la Argentina en 1935 huyendo del

---

28 Con "*demos* legítimo", no nos referimos a quiénes son los miembros legales de la ciudadanía, sino a aquellos cuya voz es reconocida y aceptada a la hora de discutir los asuntos del conjunto. El presu-puesto es que no todos los (legalmente) ciudadanos gozan de ese reconocimiento, como por ejemplo los trabajadores, los pobres o los de origen extranjero. Como es un asunto de legitimidad, esto varía según las comunidades políticas y las épocas.

fascismo. En Argentina terminará sus estudios universitarios y asistirá al origen del peronismo, al que estudiará a la luz de la experiencia de los fascismos europeos. Germani se hizo la pregunta típica de la izquierda y del liberalismo progresista y que nosotros tampoco hemos eludido: ¿es el peronismo un fascismo? Esta pregunta vuelve a ser importante en este punto de nuestra investigación por su relevancia para sopesar el carácter democrático del peronismo. Definiendo el fascismo de manera similar al marxismo, según el criterio de qué clases sociales lo apoyaron y cuáles se le opusieron, como ya mencionamos en la primera parte, Germani responderá que el peronismo no es fascista porque su base social es opuesta a la de los fascismos europeos. Pero además, se planteará si la transición de una sociedad rural tradicional a otra urbana y moderna se produjo o no en la Argentina conforme a los criterios "normales" que él identifica con el modelo europeo. Su respuesta sostiene que el salto de lo rural a lo urbano fue tan rápido en el caso argentino que los grupos procedentes del campo no tuvieron tiempo de adaptarse psicosocialmente a las exigencias de la vida urbana industrial moderna. Lo cual implicó que fuera lo que va a llamar la "nueva" clase trabajadora, proveniente de la migración interna, la que constituyó la base social al peronismo. En buena medida, porque reproducirá con el líder una relación paternal propia del mundo rural. En este punto, sobre el peronismo se proyectan connotaciones que aún hoy lo acompañan: anomalía, por no reproducir la transición propia de la modernidad europea; irracionalidad, porque los intereses materiales de clase no se realizan —a pesar o precisamente por la presencia del líder demagógico—; y paternalismo, ya que la verdadera protagonista sería la voluntad del líder frente a la inexperiencia de las masas de origen rural.

Cuanto más analiza Germani la realización de los intereses materiales y objetivos de clase —en busca de la "racionalidad" del peronismo dentro de una transición de la sociedad rural tradicional a una moderna urbana-industrial, pausada y canalizada democráticamente—, más advierte que el problema reside en otra dimensión. Sin abandonar su teleología de la modernización, ni percibir —como harán más adelante otros trabajos pioneros, como el de Di Tella[29] y el de Murmis y Portantiero[30]— la especificidad del contexto latinoamericano en tanto que periférico, Germani atisba dos elementos clave. Por una parte, que el carácter transformador del peronismo no residía en el aspecto "material y objetivo" de los "intereses de clase", sino en la nueva subjetividad popular que había creado, apelando a la clase trabajadora, pero sin limitarse a pensarla como "clase", sino más como "corazón" del pueblo. Esto mostraba que los cambios no dependían —como muchos peronistas creían y reivindicaban— del aumento del poder adquisitivo (el famoso 50/50 del PBI entre trabajadores e industriales) ni de la mera organización sindical. Se originaban, más bien, en lo que hoy llamaríamos empoderamiento de los sectores populares, que habían conquistado un lugar social y el reconocimiento de su autonomía y de su fuerza. Además,

---

29 Di Tella, T.S., "Populismo y reforma en América Latina", en *Desarrollo Económico* 4 (16), Buenos Aires, 1965, pp. 391-425.

30 Murmis, M. y Portantiero, J.C., "El movimiento obrero en los orígenes del peronismo", en *Estudios sobre los orígenes del peronismo,* Buenos Aires: Siglo XXI, 1987 [1971], pp. 59-129.

lo habían conseguido siendo tal como eran, sin adscribirse a la cultura oficial, "oligárquica", sino a partir de sus modos y costumbres, más allá del amoldamiento que toda integración implica. Por otra parte, Germani acabará aceptando que el camino democrático que según él mismo debería haber canalizado el proceso para otorgarle "racionalidad" estaba cerrado en la Argentina, debido al "fraude patriótico" de la llamada "Década infame". Asimismo, siempre según el propio Germani, la democracia estaba en crisis en el mundo moderno, dada la incapacidad de volverse una experiencia real de participación, debido entre otras cosas a la burocratización y a la concentración de la decisión en manos de la clase política.

De este modo, y con una honestidad intelectual ejemplar, el propio Germani va repensando sus tesis a lo largo del texto y, al desbordar sus presupuestos teórico-metodológicos, desarrolla cuestiones que el peronismo aún suscita hoy: su carácter irreductible al fascismo europeo de entreguerras, su índole transformadora en términos de subjetivación y —clave para nuestro problema— su vínculo con la democratización.

Esa relación democratizante no se limita a la restauración de la democracia electoral en 1946, clausurada por el golpe de 1930 (ni a la de 1973, gracias al fin de la proscripción impuesta por la autodenominada Revolución Libertadora en 1955). También implica un proceso de democratización sustantiva: el fortalecimiento político de las clases populares que Germani contrasta con el fascismo, cuyo objetivo había sido frenar a una clase obrera en ascenso.

A modo de cierre de este apartado, digamos que, como se ha visto, salir del desorden es uno de los aspectos invariantes del peronismo a lo largo de su historia. El peronismo afronta en general ese desorden construyendo un orden democrático centrado en el reconocimiento de la importancia del pueblo en la vida nacional. O sea, una democracia entendida principalmente como voz del pueblo. El peronismo clásico es el que mejor encarna la idea de democratización, pues fue también el que más tensó su relación con la democracia representativa liberal, aunque, como se dijo, la reforzó al incorporar el voto femenino. También es cierto que la ampliación del sufragio es uno de los valores que pueden compartir la democracia liberal y la democracia popular. De todos modos, el peronismo también amplió la democracia liberal sancionando nuevos derechos sociales y civiles, lo cual, sin duda, contribuía al protagonismo del pueblo.

Fue la concepción organicista del pueblo lo que tensó la relación del peronismo con la democracia liberal, y probablemente en ese ideal organicista esté el fundamento de los problemas del primer peronismo para respetar la pluralidad social y la legitimidad de las voces opositoras. Pero no se puede obviar la influencia que una coyuntura, en este caso en buena medida revolucionaria, imprime a los procesos políticos, que no responden a un modelo ideal, ni se desarrollan en el vacío. En ese sentido, el marco histórico de esa tensión entre organicismo y democracia liberal fue el de creación de un nuevo *demos*, ese pueblo que hasta entonces —según la mirada de Perón— la nación no tenía, pues su blasón seguía siendo la oligarquía. Por supuesto que el modo de creación de ese nuevo *demos* podría haber tomado otros derroteros (también abiertamente violentos, como en 1789), pero, al fin y al cabo, el peronismo era un nacionalismo popular. Tampoco en el mundo occidental en general, ni en la oposición argentina en particular existía la sensibilidad de hoy respecto de la democracia y sus acentos pluralistas. El pasado inmediato anterior a 1945, tanto argentino como internacional, así lo atestigua.

Esa concepción organicista se fue perdiendo con los años. Ya en los setenta no estaba tan presente como en la década clásica, en buena medida por la propia complejización de sociedad argentina, más moderna y heterogénea que aquella de los años cuarenta. El propio Perón fue dejando de lado el ideal organicista. Sus años de exilio —a pesar de vivirlos en su mayor parte en la España franquista— lo habían acercado a las formas de la democracia europea, que resolvía la cuestión social a través de formas neocorporativas pero conciliables con el pluralismo y la heterogeneidad.

La pérdida de vigencia de esa visión organicista del pueblo y de la comunidad no se debió exclusivamente a los cambios personales en la mirada de Perón, sino también a la lenta, dificultosa y dramática consolidación de la democracia en la Argentina. Ésta, en buena medida, también fue posible por la aceptación por parte de los antiperonistas de la legitimidad política, histórica y democrática del peronismo. Y también por la relativa aceptación del propio peronismo de que la democracia no era compatible con visiones corporativas y patrimonialistas del pueblo y de la nación. A esta última tendencia nos referiremos en el próximo apartado.

2. La patrimonialización del pueblo y de la nación

Otro de los rasgos invariantes del peronismo es su tendencia a apropiarse del "pueblo" y de la "Nación". Esto supone su capacidad para definir el significado de estos dos pilares de la vida política y, a la vez, de convertirlos en algo suyo, propio. Lo cual puede parecer un contrasentido, porque ¿cómo una fuerza política puede adueñarse del "pueblo" y de la "nación"? ¿No son acaso rasgos por definición de todos, en especial en democracia? Además ¿no se trata de factores que nadie puede redefinir porque ya vienen dados en virtud de sus límites físicos o de datos objetivos como la cantidad de habitantes, por ejemplo? ¿No sería esa apropiación una señal de que estamos ante un movimiento totalitario?

Vamos a ver que no del todo, y no sólo en el caso del peronismo sino en general en la política, sobre todo la democrática, de cualquier país.

Es comprensible que nos parezca absurdo que alguien pretenda definir qué es el pueblo y qué la nación porque nos los representamos dotados de rasgos fijos, a priori. En efecto, hemos aprendido a pensar que elementos propios de la vida política como el pueblo y la nación son realidades preexistentes a la vida política misma, de las que ésta se hace cargo para administrarlos y que, para hacerlo bien, debe ponerlos en *su* lugar, como pensaba Platón. En todo caso, la disputa consiste en determinar si esos actores son individuos con derechos naturales (liberalismo), clases sociales con intereses materiales (marxismo) o colectivos nacionales con un destino histórico (nacionalismos). Estos conceptos esencialistas de actor y comunidad impiden concebirlos como el resultado de la lucha política —algo que ésta produce, no simplemente recoge.

Nos parece evidente que un mayor de edad debe tener derecho a voto, pero eso que parece obvio y objetivo necesita un criterio para ser definido. La "mayoría de edad" no es el resultado natural de cumplir dieciocho años, sino consecuencia de un criterio: considerar a las personas de dieciocho años como "mayores de edad". Pero tampoco es una pauta universal, pues hay países en los que se vota desde los dieciséis años. Y durante mucho tiempo no toda persona obtenía el derecho a voto a los dieciocho años: mujeres, negros, extranjeros, discapacitados, entre otros, no pertenecían institucionalmente al pueblo; tuvieron (y tienen) que luchar para ser reconocidos como parte de él.

Hay otro elemento relevante para la disputa por la definición de pueblo y de nación: los valores, horizontes e imaginarios que sustentan la vida de la comunidad política, habitualmente contenidos en una constitución. El nombre "constitución" expresa el carácter cualitativo y simbólico —no cuantitativo ni objetivo— de la comunidad. Al surgir de una Asamblea Constituyente, muestra que esa nueva comunidad no preexistía; se constituye precisamente a partir de ese texto fundamental. En definitiva, una comunidad comparte cierto significado de lo bueno y de lo deseable para quienes forman parte de ella. Ese rasgo, además, se vincula estrechamente con la cuestión ya tratada de quién integra el pueblo, ya que eso también depende de los valores que la propia comunidad sostiene y promueve.

Sin embargo, lo común, sea lo que sea, aunque esté escrito en una Constitución, es siempre un fruto precario de la lucha política, no una convergencia racional y desinteresada de los actores. Y no clausura la lucha, pues ésta continúa a través de la interpretación y el cambio de eso común originario. En definitiva, ningún orden político, ni ningún actor (partido, movimiento, sindicato, etc.) toma al pueblo ni a la nación tal como son, sino que siempre están disputando su significado. Habitualmente esto se hace escogiendo a una parte de la sociedad como modelo de aquello a lo que se aspira ser. En España, por ejemplo, el PSOE de Pedro Sánchez invoca a las "clases medias y trabajadoras". El PP, en cambio, habla de "la nación de ciudadanos libres e iguales", una fórmula que no es del todo inclusiva, aunque lo parezca: excluye implícitamente a los "nacionalismos periféricos" y, por supuesto, a quienes viven en el país sin derechos de ciudadanía, como muchos inmigrantes pobres. España ilustra bien esta disputa: su principal conflicto político enfrenta a los nacionalismos "periféricos" y al nacionalismo españolista sobre quién constituye el *demos* legítimo para decidir, por ejemplo, el futuro de Cataluña: ¿los catalanes o el conjunto de los españoles? Se dirá que la Constitución da respuesta a ello, pero el problema político comienza precisamente cuando lo que dice el texto *común* ya no representa a todos.

La democracia es precisamente el régimen político que más se asemeja a esta lógica de lo político porque, a diferencia de, por ejemplo, los monarcas de origen divino, nadie encarna el poder y la ley —el lugar vacío teorizado por Lefort—, gobiernan quienes no tienen títulos específicos para ello —como reflexionó Rancière[31]— y consiste en el autogobierno del pueblo (Castoriadis[32]). Aun así, hoy en día la cuestión del lugar de los inmigrantes pobres es una discusión crucial para las autodenominadas "democracias avanzadas" europeas.

Por lo tanto, contra la intuición de que afanarse en definir el pueblo y la nación sería un síntoma de autoritarismo, en democracia ocurre más bien lo contrario. Es justamente el régimen que siempre acepta la posibilidad de reformular el orden político.

Por eso los momentos históricos de institución o refundación de un orden político muestran bien qué significa "crear un pueblo". Esto nos devuelve directamente al caso del peronismo y la coyuntura de 1943-1946. Como ha señalado Aboy[33], el "fundacionalismo", es decir, la tendencia de los gobiernos a presentarse como inaugurando una nueva etapa histórica venturosa, estable y duradera que corta con un pasado negativo, es un rasgo recurrente de la política argentina. O sea, que no es

---

31 Rancière, J., *El desacuerdo. Política y filosofía,* Buenos Aires, Nueva Visión, 1996, pp. 126-129.

32 Castoriadis, C., "La democracia como procedimiento y como régimen", en *El ascenso de la insignificancia,* Madrid: Cátedra, 1998, pp. 218-238, p. 222.

33 Aboy, G., "Populismo y democracia en la Argentina contemporánea. Entre el hegemonismo y la refundación", en Estudios Sociales. Revista Universitaria Semestral 28/1, 2005, pp. 125-149.

exclusivo del peronismo. El punto, entonces, no es que el peronismo luchara por definir el pueblo y la nación, sino en todo caso cómo lo hizo en muchos momentos: mediante su patrimonialización.

En efecto, en términos de una democracia pluralista y de una lucha antioligárquica, el peronismo fue ambivalente en el modo de disputar las ideas de pueblo y nación. Por una parte, ese pueblo nuevo fue —desde nuestro punto de vista— la principal marca histórica que el peronismo trajo a la vida política argentina. Como ya hemos apuntado, lo que el peronismo hizo fue quitar a la "oligarquía" del centro simbólico de la nación y poner en su lugar lo popular, encarnado sobre todo en los trabajadores. El estilo de vida de la oligarquía, sus gustos, su "seriedad" y "aplomo" de clase, su saber hacer y saber estar, su cultura, sus hábitos, sus lugares de residencia, sus palacetes, sus modales y el modo de vida político que todo ello junto le imponía al país, pasaron de ser admirados o al menos no criticados, a ser juzgados como artificios dañinos, propios de gentes mezquinas, frívolas e insensibles que desconocían el país verdadero. Todo lo que expresan unas palabras difíciles de traducir al castellano de España: "tilinguería", "tilingos". La RAE lo define como "Dicho de una persona: Insustancial, que dice tonterías y suele comportarse con afectación". El peronismo puso en jaque la legitimidad social y política de la oligarquía, a la que señaló como culpable, si bien redimible, en tanto que de un modo o de otro, al fin era argentina[34].

---

34 Aboy, G., "La especificidad regeneracionista del populismo", Santiago: Actas del VIII Congreso Chileno de Ciencia Política, 2006, p. 18.

Lo contrario de la tilinguería oligárquica era la vida del pueblo trabajador, marcada por la dura labor cotidiana. Ese pueblo sacrificado, hasta entonces no recompensado ni reconocido, se caracterizaba por sus rasgos naturales, sencillos, espontáneos, vitales, generosos y desinteresados, volcados en el amor y la alegría de la vida familiar y barrial. En este sentido, el peronismo fue más del "interior" del país[35], de la autenticidad noble de lo humilde que de las ciudades, con su pretensioso cosmopolitismo desvinculado de lo primordial, y hueco de corazón. No casualmente hemos nombrado la vida barrial y familiar: cuando el peronismo pone a los trabajadores en el centro de la nación no incluye sólo —y como era común en la vida política de aquellos tiempos— a los varones adultos que venden su fuerza de trabajo, sino también a las mujeres y a los niños, como ha mostrado Gené[36]. Estos ocuparon un lugar clave en el reconocimiento de un nuevo modo de vida social que estaba desarrollándose. De ahí la relevancia de la figura de Eva Perón, que anudaría los

35 En la Argentina "interior" equivale a lo que en España se llama "provincias". Pero a diferencia de esta denominación, "interior" no tiene un carácter meramente administrativo ni territorial. Su significado no surge de una diferenciación formal con la capital, sino cualitativa. En efecto, sólo pronunciado desde la ciudad de Buenos Aires, más precisamente desde su puerto y mirando hacia el exterior, es que el resto del país puede ser visto como "interior". Como se ha dicho ya, el puerto es el emblema histórico de un proyecto de país —el de la llamada Generación del Ochenta— ligado a Europa cultural y económicamente. La denominación no es exclusiva del centralismo porteño, al punto de que uno de los periódicos históricos del país se llama La Voz del Interior (de Córdoba).

36 Gené, M.M., *Un mundo feliz. Imágenes de los trabajadores en el primer peronismo 1946-1955,* Buenos Aires: Fondo de Cultura Económica-Universidad San Andrés, 2005, pp. 123-125.

vínculos entre las mujeres, los niños y los trabajadores, encarnando así el símbolo de la Nueva Argentina. El reconocimiento de los trabajadores y su modo de vida llegó mediante la organización sindical, la legislación laboral y la política pública. El de mujeres y niños, además de apoyarse en normas como el voto femenino, los derechos de la niñez, la educación pública y la red hospitalaria, se canalizó también a través del ocio —Ciudad de los Niños, Campeonatos de Fútbol Infantil "Evita"— y de la asistencia social de la Fundación Eva Perón.

Este pueblo, pese a ser —como cualquier otro— una construcción política, fue concebido por el propio peronismo como el alma de la nación que finalmente era sacada a la luz para ocupar el único lugar que le correspondía, el del corazón de la patria. La superficialidad criticada en la vida pretenciosa de la oligarquía fue tomada como índice de su insustancialidad, todo lo contrario de lo que ocurría con la vida sencilla del pueblo trabajador, muy cercana a la visión cristiana de los humildes. Esta idea quedó bien sintetizada en la frase que Raúl Scalabrini Ortiz utilizó para caracterizar el 17 de octubre: la movilización significaba "el subsuelo de la patria sublevado".

Aquí emerge otra ambivalencia en el peronismo. Si por un lado representa la construcción histórica de un nuevo sujeto político —el pueblo como agente democratizante, antioligárquico— que viene a ocupar el corazón de la comunidad política, por el otro ese pueblo es presentado ya no como una construcción, sino como la elevación al centro de la escena política nacional ("sublevado") de lo único que podía ocupar ese lugar, que ya estaba antes constituido, aunque reprimido ("el subsuelo de la Patria"). De más está decir que es una concepción sustancialista del *demos* legítimo, en este caso como pueblo, como "descamisados" y "columna vertebral de la nación". Los procesos de democratización modernos en Occidente también se llevaron a cabo en nombre de un *demos* esencializado. Aún hoy, las democracias posmodernas se resisten a admitir, en su práctica cotidiana, el carácter contingente y construido de ese *demos*: basta observar el auge de la xenofobia en Europa, la esencialización de los pueblos "originarios" en América Latina o el continuo ensalzamiento de las "clases medias y trabajadoras" en España. En el caso del peronismo, esa lógica dio lugar a un tipo de relación con la nación y con las organizaciones políticas y sociales —y de éstas con su líder— que tendía a la mímesis, a constituir un todo homogéneo.

Esta concepción sustancial del pueblo y la relación que determinaba con las organizaciones políticas y los líderes no era nueva en la política argentina. También la había tenido la Generación del Ochenta (del siglo xix), que merced al fraude electoral del "voto cantado" mantuvo un régimen de partido único durante unos cuarenta años. La Unión Cívica Radical, el partido que luchó contra el régimen del ochenta por la democratización efectiva del país, también se autoconcibió no como "un simple partido, [ni] una parcialidad que lucha en su beneficio", sino como organización que "hunde sus raíces políticas en lo histórico de la nacionalidad" y que representa "el pueblo mismo en su gesta para constituirse como nación", según reza su "Profesión de Fe Doctrinaria", de 1947[37].

---

37 Unión Cívica Radical, "Profesión de fe doctrinaria", 1947. Disponible en: https://www.ucr.org.ar/ucr/.

En su etapa fundacional (1916-1930), como primer partido nacional-popular, su líder Hipólito Yrigoyen solía responder que su programa era la Constitución Nacional. El propio Alfonsín, el líder más avanzado que tuvo la UCR, cercano a posiciones socialdemócratas europeas, identificó en su campaña las siglas de su nombre y apellido ("RA") con las de la República Argentina, y creó un símbolo similar al habitualmente utilizado en aquel entonces—por automovilistas y en la señalización de carreteras nacionales— para identificar al país (un óvalo con los colores de la bandera nacional de fondo y la sigla RA en el centro). También el régimen de la "Década infame" operó con ese sentido patrimonalista de la nación, y lo usó para justificar el "fraude patriótico", que le permitió gobernar durante unos trece años tras el golpe de Estado de 1930.

El peronismo, hasta los años setenta, concibió al pueblo como un todo homogéneo, organizado por el movimiento y los sindicatos; éstos representaban a la Nación, entendida como un interés casi único interpretado por el líder. Esta superposición entre partido y nación se expresó muy bien en el uso de símbolos y nomenclaturas. Fue habitual en los actos del partido en Plaza de Mayo la utilización del escudo nacional colocado a la par del escudo del partido. Éste mismo consistía, de hecho, en una estilización del escudo nacional. En 1951 se convirtieron los antiguos territorios nacionales de Chaco y La Pampa en provincias, lo cual supuso una democratización, pues sus miembros pasaron a poder elegir y ser elegidos, abandonando una suerte de posición de ciudadanos de segunda. Chaco pasó a denominarse Provincia Presidente Perón y La Pampa, tras la muerte de Eva Perón (1952), adoptó el nombre de ésta. Lo mismo ocurrió con el nombre de la capital de la provincia de Buenos Aires, La Plata, que a su muerte pasó a denominarse Eva Perón. Hospitales, el Autódromo de la Ciudad de Buenos Aires o la Ciudad de los Niños de La Plata también fueron bautizados con los nombres de los líderes[38]. En 1973, durante el gobierno de Héctor J. Cámpora, la Universidad de Buenos Aires pasó a llamarse "Universidad Nacional y Popular de Buenos Aires".

Como señalamos ya en varias ocasiones, en los comicios de 1983 que marcan el fin de la dictadura iniciada en 1976, el peronismo sufrió su primera derrota electoral directa en unas elecciones presidenciales libres y limpias a mano del candidato de la UCR, Raúl Alfonsín. Pero, además, este obtuvo la mayoría absoluta de los votos (52%), algo hasta entonces no sólo natural para el peronismo, sino que parecía un imposible para cualquier otro partido. Los simpatizantes peronistas solían cantar en sus actos "Alfonsín, gorilón [antiperonista], salí de la Rosada, que es la casa de Perón". No obstante, cabe decir que la dirigencia peronista estuvo precisamente junto a Alfonsín en la Casa de Gobierno durante el levantamiento carapintada de Semana Santa en 1987[39].

38 La dictadura militar resultante del golpe de Estado de 1955 restituiría los nombres anteriores.

39 Los levantamientos carapintadas fueron cuatro y tuvieron lugar entre 1987 y 1990. Raúl Alfonsín, a tres días de asumir promovió el enjuiciamiento por violación de los Derechos Humanos a las cúpulas militares de la saliente dictadura y también a los principales jefes políticos de los partidos armados (Montoneros y ERP). La mayoría de los integrantes de las Juntas Militares fueron condenados en 1985 en un juicio oral y público inédito, que despertó la atención internacional. A raíz de

El término "gorila"[40] expresa, en parte, la patrimonialización del pueblo y lo popular por parte del peronismo. "Gorila" estaba inicialmente reservado a los antiperonistas pero, por extensión, ha llegado a significar lo antipopular en general. En ese sentido, equivaldría al término genérico "reaccionario". El problema es que ese uso extenso supone una equivalencia cuando menos problemática: si lo peronista es lo popular y por lo tanto lo antipopular es antiperonista, entonces los sectores de extrema derecha del peronismo no pueden ser antipopulares por el solo hecho de ser peronistas. Si

---

esos juicios, muchos cuadros militares intermedios comenzaron a ser denunciados por víctimas de la dictadura y citados a declarar por la Justicia. La primera rebelión carapintada —Semana Santa de 1987—, se produjo cuando uno de esos militares, Ernesto Barreiro, acusado de seis casos de tortura y uno de homicidio, se escondió en un cuartel —amparado por algunos compañeros de armas— para eludir la citación judicial y exigir una amnistía. De ese modo, desconocía la cadena de mando, encabezada por el presidente constitucional. Esto produjo una gran conmoción social, al punto de que se produjeron movilizaciones masivas en todo el país, con epicentro en la Plaza de Mayo en Buenos Aires y también frente a los cuarteles rebelados, para exigir a los carapintadas que depusieran su actitud. El nombre "carapintadas" se refiere a que los militares rebelados maquillaron su rostro durante los levantamientos con el típico camuflaje de guerra.

40 Este término comenzó a usarse políticamente hacia 1955, pero proviene de un número cómico del programa radial argentino "La revista dislocada" en el que parodiaban una escena de la película Mogambo (1953). En una escena del film, un cazador (Clark Gable) tranquiliza a una joven (Grace Kelly) tras escucharse un feroz rugido proveniente de la selva diciéndole "calma, deben ser los gorilas". En la radio se inspiraron en esta escena para crear un jingle cantado a coro que en una de sus estrofas decía "Deben ser los gorilas, deben ser, que andarán por ahí". Esta situación acabó recreando el clima de acecho, temor e intriga que rodeaba al gobierno de Perón cuando el golpe de estado antiperonista ya parecía inevitable.

aceptamos esta premisa, quedaría la contradicción de
que los sectores de extrema derecha peronista que, durante el cruento enfrentamiento interno (1973-1976),
usaron el terrorismo —incluso de Estado— para perseguir, torturar y asesinar a la izquierda en general y a la
izquierda peronista en particular (a la que negaban su
filiación justicialista por considerarla "zurdos infiltrados"), no podrían calificarse de antipopulares, puesto
que todo lo peronista sería, por definición, popular.

La patrimonialización de lo popular en este uso lingüís-
tico radica en que lo antipopular sólo puede provenir del
antiperonismo, pero no en la posterior generalización
de "gorila" como lo antipopular, de lo cual no cabe al
fin responsabilizar al peronismo, pues al fin todo partido intenta que su lenguaje particular sea el idioma político general. Eso es hegemonía, no patrimonialización.
En todo caso, resultaría interesante estudiar por qué los
no peronistas no utilizan un lenguaje propio. El término
"reaccionario", por ejemplo, es más abarcativo en tanto
nombra posiciones políticas, no de partido. Dicho de otro
modo, se podría usar igualmente para cualquier posición
política, sin excluir a priori a ninguna por su pertenencia
a un partido. De hecho, se habla de derecha reaccionaria
pero también de izquierda reaccionaria.

Por su parte, el kirchnerismo, pese a las diferencias que supuso en otros aspectos respecto del peronismo clásico, mostró también algunos rasgos de ese
patrimonialismo de lo popular. Sobre todo, en relación con la política de Derechos Humanos. El peronismo no mantuvo una relación sencilla con la demanda de respeto a los Derechos Humanos, demanda que
cobró relevancia en la política argentina hacia 1975,

bajo el gobierno de María Estela Martínez de Perón. En ese momento la Triple A, organización paramilitar surgida durante la última presidencia de Juan Perón, estaba en auge. La dirigía el ministro de Bienestar Social, José López Rega, antiguo secretario privado de Perón en Madrid. El Partido Justicialista había apoyado, además, la autoamnistía de la dictadura militar, promulgada días antes de dejar el gobierno en 1983. Parte del sindicalismo peronista había pactado con sectores militares para que, en caso de ganar en 1983, no se revisara nada del pasado represivo, con el cual muchos sindicalistas ortodoxos peronistas estaban comprometidos, dado su profundo anticomunismo y su enfrentamiento interno con la izquierda de peronismo (Montoneros). El gobierno peronista de Menem indultó a los militares y guerrilleros condenados por los juicios promovidos por Alfonsín, quien avanzó con fuerza al inicio de su mandato y luego retrocedió con las leyes de Punto Final y Obediencia Debida.

El kirchnerismo, al llegar al poder en 2003, revitalizó con fuerza la política de Derechos Humanos y la volvió a vincular con la propia democracia, situándola en su base ético-política. Así retomó el impulso iniciado en la transición gracias a los organismos de Derechos Humanos y a la política inicial del gobierno de Alfonsín, ejemplificada en el inédito Juicio a las Juntas de 1985. En 2004, con ocasión del 28° aniversario del golpe de 1976, Néstor Kirchner inauguró un "Museo de la Memoria" en el antiguo centro clandestino de detención que funcionaba en la Escuela de Mecánica de la Armada, en la ciudad de Buenos Aires. Allí, frente a un grupo de manifestantes, dijo "Las cosas hay que llamarlas por su nombre (...). Vengo a pedir perdón de parte del Estado nacional por la vergüenza de haber callado durante veinte años de democracia tantas atrocidades". Los "veinte años" señalaban 1984, el primer año del gobierno de Alfonsín. Entonces se creó la Comisión Nacional sobre la Desaparición de Personas, que elaboró el llamado *Informe Sábato* sobre los desaparecidos. Ese documento fue clave: reunió información directa de víctimas y familiares y sirvió de fundamento para el Juicio a las Juntas militares, ordenado por Alfonsín pocos días después de asumir, en medio de una situación de debilidad institucional y amenaza castrense. Al día siguiente, Kirchner se disculpó ante Alfonsín, si bien ahora lo hizo en privado, telefónicamente.

Dos años más tarde, en 2006, al cumplirse el 30º aniversario del golpe de Estado, el gobierno de Kirchner decidió incluir un nuevo Prólogo a la edición del *Nunca Más* (el libro que incluía el *Informe Sábato* sobre los desaparecidos y la represión ilegal del terrorismo de Estado durante la dictadura), un prólogo que polemizaba con el original, de 1984, escrito por Ernesto Sábato, aunque no firmado por él.

Hay que apuntar también que Néstor Kirchner y Cristina Fernández de Kirchner homenajearon al expresidente Alfonsín en vida en la Casa Rosada en 2008, cuando la vida del líder radical se apagaba. Asimismo, el kirchnerismo contó y cuenta entre sus filas con dirigentes "alfonsinistas", que ven en esta forma del peronismo rasgos convergentes con el programa de su expresidente.

Finalmente, cabe mencionar un hecho de gran representatividad política e impacto institucional. En 2015, Cristina Fernández de Kirchner debía entregar los atributos presidenciales a Mauricio Macri, su rival político y presidente electo, en una ceremonia que se había vuelto un símbolo de la ansiada recuperación democrática desde 1983 en adelante. Detrás de una aparente discusión burocrático-protocolaria sobre dónde debía producirse ese traspaso de mando, lo que había en realidad era una voluntad, al menos de la presidente saliente, de impedir una situación en la que ella —según su percepción— apareciera subordinada al nuevo presidente por el hecho de entregarle esos atributos de mando. Así lo afirmó en su libro *Sinceramente*, de 2019: "Quien se asumía como representante y significante de lo nacional, popular y democrático le entregaba el gobierno a quien había llegado en nombre del proyecto neoliberal y empresarial de la Argentina, más allá del marketing electoral cazabobos. Muchas veces, después del balotaje, pensé en esa foto que la historia finalmente no tuvo: yo, frente a la Asamblea Legislativa, entregándole los atributos presidenciales a… ¡Mauricio Macri! Lo pensaba y se me estrujaba el corazón. Es más, ya había imaginado cómo hacerlo: me sacaba la banda y, junto al bastón, los depositaba suavemente sobre el estrado de la presidencia de la Asamblea, lo saludaba y me retiraba. Todo Cambiemos quería esa foto mía entregándole el mando a Macri, porque no era cualquier otro presidente. Era Cristina, era la 'yegua', la soberbia, la autoritaria, la populista en un acto de rendición"[41]. Finalmente, la presidente saliente dejó los atributos presidenciales en el Congreso de la Nación y no asistió a la jura ni al traspaso presidencial.

---

41 Fernández de Kirchner, C., *Sinceramente,* Buenos Aires: Sudamericana, 2019, p. 24.

Esa patrimonialización del pueblo y de la nación también se plasmó en el plano organizativo. La Confederación General del Trabajo se convirtió en la época peronista clásica en la central única de todos los trabajadores argentinos y operó como una organización prácticamente estatal e ideológicamente alineada con el gobierno de Perón. Todavía hoy puede verse en su edificio la simbología peronista, como si se tratase de una central de partido. El cadáver embalsamado de Eva Perón quedó expuesto allí de 1952 a 1955, cuando fue robado y ocultado hasta 1972 por las autoridades del golpe militar de septiembre. Los actos de la CGT casi siempre comienzan y se cierran con el canto de la Marcha Peronista. También en el ámbito educativo hubo casos de fusión entre lo partidario y lo estatal, como los famosos manuales de educación primaria —"El Alma Tutelar" (1954), por ejemplo— con los cuales los niños aprendían a leer con frases laudatorias para el gobierno peronista y sus líderes. Estos textos presentaban las efemérides peronistas como el 17 de octubre como si fueran fechas patrias. Del mismo modo, tras la muerte de Eva Perón en 1952, se implementó por ley la lectura de su libro *La razón de mi vida* en todos los niveles educativos (desde la primaria hasta las escuelas de orientación profesional).

Esta ambivalencia del peronismo —entre el impulso democratizador que incorpora a los sectores populares y la tendencia a esencializarse, superponiendo pueblo, nación, movimiento y líder— se expresa bien en lo que Aboy describe como un péndulo: por un lado, "sólo los peronistas son los auténticos argentinos"; por otro, "los peronistas sólo somos argentinos de buena voluntad"[42]. La primera formula la identidad peronista como requisito de la argentinidad: ser peronista sería el único modo cabal de ser argentino. La segunda, en cambio, sostiene que la identidad peronista no aporta gran novedad; no sería más que lo que cualquier argentino desea, de modo que el peronismo podría diluirse en lo argentino. Ahora bien, ambas tienen el mismo problema: no terminan de aceptar la condición de parte ("partido" político) de cualquier voluntad política, sea por exclusión de todo lo que no sea peronista, sea por la noción de que "lo argentino" reconcilia *per se*, salvo que... se tenga mala voluntad.

La versión según la cual los peronistas sólo quieren lo que cualquier argentino de buena voluntad, al dar primacía a lo argentino como factor de reconciliación parece menos intolerante y más pluralista que la otra, para la cual sólo se es argentino si se es peronista. Esta representación de la identidad que subsume lo peronista en lo argentino dio lugar a un discurso muy común en el peronismo. Aunque presente ya en la época clásica, cobró una particular intensidad en los años setenta, cuando Perón buscaba solventar las discusiones internas del movimiento. A ese discurso hoy en día lo calificaríamos como "anti-política" o "anti-partidos", porque considera a los partidos como artilugios de camarillas para lucrar con la división y el enfrentamiento. O para encontrar problemas donde, si se procediera honestamente y siguiendo el "interés nacional", se llegaría fácilmente a un acuerdo.

---

42 Aboy, G., "Populismo y democracia...", op. cit., pp 135-139.

Ese discurso incluía la denuncia de "infiltrados" dentro del propio movimiento —etiqueta aplicada sobre todo a Montoneros tras su ruptura de mayo de 1974—, y la acusación a "la antipatria" en la nación, expresión con la que Perón solía referirse a la oposición, especialmente en la etapa clásica.

Este tipo de discurso está relacionado con la idea de refundación, de que Perón venía —como señalan Sigal y Verón[43]— de "fuera" de la política entendida como "partidocracia" a restablecer la primacía del bien común, centrado en "la felicidad del pueblo y la grandeza de la nación". Esa exterioridad respecto de una política antidemocrática, por un lado, favorecía la democratización al afirmar un nuevo sujeto político: el pueblo. Al mismo tiempo, sin embargo, la tendencia a sustancializar ese pueblo —y, con él, al movimiento y a sus líderes— como portadores naturales de una verdad que no necesitaba mediación política, organizativa ni intelectual operaba en sentido contrario. Esta concepción del pueblo, tendente a la homogeneidad, no necesariamente es consecuencia del populismo. Si entendemos el populismo como la presentación de los problemas políticos mediante la contraposición entre pueblo y oligarquía[44], entonces no necesita concebir al pueblo como un bloque único; puede admitir su pluralidad interna, ya que lo decisivo es que sus intereses diversos se ven igualmente frustrados por la minoría insensible que ejerce el poder. Hay momentos políticos

---

43 Sigal, S. y Verón, E., *Perón o muerte. Los fundamentos discursivos del fenómeno peronista,* Buenos Aires: Legasa, 1986, pp. 27-47.

44 Laclau, E., *La razón populista,* Buenos Aires: Fondo de Cultura Económica, 2005, cap. 4.

decisivos en los que aflora esta forma populista (revoluciones, independencias, etc.) sin que la pluralidad interna se cancele, dando fuerza además al proceso para conseguir sus fines. Por eso decíamos que esta tendencia a solapar lo nacional con lo partidario restó fuerza al peronismo en su cometido democratizante y antioligárquico. Como atenuante, cabría decir que el propio peronismo, debido a su carácter "nuevo", es resultado de una variedad de fuerzas, en las cuales, a título organizativo o personal, casi no falta tradición política alguna (radicales, socialistas, conservadores, cristianos, nacionalistas, etc.). También, como hemos visto, la disputa interna por la identidad peronista acompañó al movimiento desde sus inicios, aunque cada facción se presentaba como el auténtico y único peronismo posible, supuestamente en sintonía con la voluntad del propio Perón. Por otra parte, también es cierto que el propio Perón buscó la alianza con la UCR, en especial con el sector yrigoyenista, con el cual había muchas coincidencias en términos programáticos pues, al fin y al cabo ambos eran partidos nacional-populares. Y también es cierto que la oposición al peronismo no respetó siempre las reglas democráticas que decía representar. Los intentos de golpe de Estado contra Perón fueron relativamente tempranos y tanto la historia previa como la posterior son elementos a tener en cuenta en esta evaluación.

La tendencia a la superposición entre lo estatal y lo partidario es problemática para la democracia no porque esta, como muchas veces se piensa desde el paradigma liberal, requiera la neutralidad de lo público o lo común. No hay tal cosa. No es a eso a lo que se refiere el "lugar vacío del poder" teorizado por Lefort. Como hemos visto, la democracia se basa en que nadie puede reclamar para sí, por sus títulos o cualidades especiales, un derecho a gobernar superior a los demás ciudadanos. Eso es lo que ocurre en los regímenes aristocráticos, oligárquicos, monárquicos, tecnocráticos, autoritarios o totalitarios, sea la que fuere la cualidad o el título aducido, sea autoproclamado o incluso reconocido por los gobernados. En democracia, todos los considerados ciudadanos tienen títulos para gobernar y decidir quién gobierna. A todos se les supone juicio político, es decir, la capacidad de elegir cómo quieren vivir. Ése sería el sentido último del derecho de voto. No se trata simplemente de tener derecho a participar en decisiones que nos afectan, pues hay muchas en las que, aun afectándonos, no se nos reconoce el derecho a participar o incluso en las que nosotros mismos no querríamos participar, como la elaboración de un diagnóstico médico o la planificación técnica de una represa. Nuestro rechazo se basa en nuestra responsabilidad como ciudadanos, pues esas cuestiones implican y requieren un saber científico-técnico que, en general, sabemos que no tenemos. En definitiva: no participamos porque sí, sino solo en la medida en la que se trate de asuntos abiertos a la deliberación política.

Ahora estamos en condiciones de ver por qué decíamos al inicio que el problema de esa superposición entre lo estatal y lo partidario en el peronismo no residía en que llenara un lugar que debía quedar vacío —es decir, que disputara el sentido del pueblo y de la nación—, sino en la forma en que lo llenó: mediante la patrimonialización. Al rellenarlo no ya en nombre de lo popular y democrático, lo antioligárquico, sino desde un modo partidario de entender esa lucha —convertido en voz privilegiada, incluso ante quienes compartían esos valores, para dictar qué era la lucha, cómo debía librarse y quién debía encabezarla— incurrió en una acción que negaba la lógica de lo político, muy bien resumida por el propio Perón: "gobernar es persuadir, no mandar u obligar".

El problema fue la exclusividad que adquirió lo partidario, no que fuera particular, porque en democracia no hay más que puntos de vista particulares que luchan entre sí por volverse generales. La exclusividad de un punto de vista lo volvió único por excluyente, no por singular. Del mismo modo, no se trata de una apelación a una neutralidad perdida, pues ésta no es posible. No es lo neutral lo que se pierde cuando *una* versión se vuelve la única legítima, sino lo común, que es un particular, no un universal. En eso común hay pluralidad dentro de un campo acotado de diferencias: hay diferentes modos de entender el derecho de huelga, porque la prohibición de la huelga está excluida, en tanto es considerada antidemocrática.

En cualquier caso, resulta relevante para nuestro análisis que, si bien no hay un único peronismo, a lo largo de su dilatada historia este componente de solapamiento entre lo nacional y lo partidario ha ido perdiendo peso. Probablemente debido a su capacidad para incorporar y representar las demandas de identidades políticas nuevas, como el feminismo, los derechos humanos, los derechos LGTBI+ o los sectores del trabajo informales. No casualmente, en los últimos años, Cristina Fernández de Kirchner agregó explícitamente adjetivos a la definición histórica (o una de ellas) que los peronistas suelen usar para nombrar su movimiento: "nacional, popular y democrático y feminista".

Esta flexibilidad entra en tensión con la idea de que hay un sector que representa arquetípicamente el bien común nacional. Lo que concuerda históricamente con la pérdida de peso relativo que el movimiento obrero organizado tiene en el peronismo. Por otra parte, el discurso peronista se ha vuelto más atento a la "diferencia", un rasgo central de la política reciente. Esa sensibilidad incluye tanto la demanda de colectivos ajenos al mundo laboral tradicional como la capacidad de incorporar, sin subordinarlas, otras sensibilidades políticas —por ejemplo, la "transversalidad" impulsada por Néstor Kirchner.

Cabe decir, además, que la historia argentina moderna no sólo estuvo marcada por el fundacionalismo, sino también por la disputa entre distintos intentos de apropiación de lo común (algunos, no todos, derivados de ese fundacionalismo). La proscripción del peronismo fue también un intento de apropiación de lo nacional por parte del antiperonismo. Esa tendencia no exculpa a ninguno de los que la practicaron, pero brinda un contexto relevante. Como proceso de democratización que fue el peronismo, no siempre actuó por canales democráticos. Por paradójico que parezca —y la política está llena de paradojas, sobre todo cuando se la mira en perspectiva histórica—, la democracia no se alcanza siempre ni todo el tiempo por los medios legítimos habituales para nosotros, es decir, por los canales del Estado de Derecho y la soberanía popular expresada en las urnas. Las revoluciones no se votan ni suelen respetar escrupulosamente los derechos individuales de todos los miembros de la comunidad política. No lo hicieron las llamadas revoluciones burguesas, ni los procesos de liberación en el Tercer Mundo de los años cincuenta y sesenta del siglo pasado, ni las revoluciones socialistas. Tampoco algunas transiciones a la democracia del último tercio del xx, ni algunos procesos de transformación más bien abruptos que han tenido lugar en el marco de democracias representativas.

Además, como vimos, aunque la democracia se funda en nociones antiesencialistas —nadie posee por nacimiento o por adquisición social características que le otorguen privilegios de acceso al gobierno—, ello no impide que, en la lucha política de las democracias contemporáneas, atribuirse rasgos más o menos esenciales —ser un nacional "auténtico", pertenecer a pueblos originarios o poseer un saber experto— pueda conferir legitimidad. Más aún, para algunos colectivos invisibilizados, auto-presentarse como portadores de un rasgo esencial suele convertirse, dentro de una cultura política occidental todavía esencialista, en un recurso eficaz para alcanzar fines que, en estos casos, son democratizadores.

En este punto se hacen visibles las fricciones entre democracia y democratización: utilizando medios cuyo espíritu se acerca más al esencialismo aristocrático que al contingencialismo propio de la democracia, se pueden lograr fines democráticos. Concibiéndose, por ejemplo, "el pueblo elegido" (o "la columna vertebral del movimiento nacional"), un actor político logra empoderarse para alcanzar el derecho a ser escuchado.

Sin embargo, el resultado no es solamente la benéfica igualación democratizante, sino también, en otro aspecto, cierto daño de la igualdad democrática, pues esa sustancialización pone en juego un tipo de legitimación que no se lleva bien con la democracia. El doble movimiento de construir un nuevo pueblo —ampliándolo y reconociendo a un nuevo sujeto— y, al mismo tiempo, cristalizarlo como representante privilegiado del conjunto nacional reproduce la paradoja ya vista en el organicismo: cada pieza tiene el mismo valor y es imprescindible, pero el todo resultante se fija como un conjunto inmutable.

Esta tensión entre el resultado igualador y el medio sustancialista para conseguirlo produjo siempre suspicacia entre los no peronistas: temían que sirviera de antesala para negar legitimidad a todo lo que no se ajustara a la definición peronista de pueblo. Es posible que ésa haya sido de hecho no ya la intención de Perón o del peronismo, sino el resultado de su autoafirmación como intérprete privilegiado de lo nacional. Como ya hemos anotado, la intención del líder, o de cualquier actor, carece de relevancia científica, por más que suele convertirse en el eje de estas discusiones. Lo decisivo es el efecto histórico de la acción política, un resultado siempre interpretable y, por tanto, abierto a debate.

A la hora de analizar ese efecto, la coyuntura originaria del peronismo es crucial, más allá de que se compartan o no sus objetivos políticos, modos de actuar o valores en general.

La búsqueda de superar el desorden y construir un orden socialmente cohesionado, incluso con tintes organicistas, ofrece un marco de interpretación plausible del sentido de esa intensa afirmación peronista de la identidad pueblo-movimiento-nación.

3. La traslación del poder

Otra característica del peronismo clásico que se ha mantenido a través de los años, quizás con más claridad que otras, es lo que vamos a denominar la *traslación* del poder. Consiste en contraponer el poder institucional al poder social. Mientras el primero es formal, el segundo es real. El primero es el que autoriza a tomar decisiones, pero el segundo sería el que permite realmente tomarlas. En definitiva, se basa en hacer ver que el poder institucional democrático que se posea, por amplio que pueda ser —porcentaje de votos, número de parlamentarios y de gobernadores, gobierno nacional— *siempre* será una porción pequeña del poder efectivo, que no se vota, pero es el decisivo. Es decir, que el poder está en otro lado. Para el peronismo, el lugar en donde está ese poder "fáctico" tiene dos nombres clásicos: "la oligarquía y el imperialismo". Es decir, el poder de las potencias internacionales y sus socios nativos. Esto, como ya se ha explicado, da lugar a una discusión fundamental para la comprensión del peronismo o de cualquier política igualitaria en países periféricos: lo nacional-popular, entendido como alianza de clases favorables al mercado interno contra el modelo agroexportador de, precisamente, "la oligarquía y el imperialismo". Es decir que estos dos nombres no son un mero eslogan.

Asimismo, esta traslación revela otra característica habitual del peronismo: su tendencia a señalar un enemigo interno, a dividir el campo político entre amigos y enemigos. Lo cual, de algún modo, siempre está en la forma en que el peronismo se representa la sociedad, pero no es constantemente explicitado de la misma manera o con la misma intensidad. Cuando lo hace, aparece el "momento populista", en los términos de Laclau. Cabría decir que la ideología o concepción nacional-popular pasa a ser la materia prima de un momento populista, proveyendo una noción de quiénes son los enemigos y quiénes los amigos. Pero no siempre lo nacional-popular, o el nacionalismo popular, necesita el populismo para expresarse, al menos tal como lo entendemos aquí. Puede prescindir de él. El populismo, por tanto, contra lo que se cree y siguiendo a Laclau, no es una ideología, ni un partido, ni unas políticas públicas, ni un tipo de liderazgo, sino un modo de representarse el orden político, que fundamentalmente tiene dos rasgos clave: ese orden es conflictivo, no consensual; y ese conflicto es un antagonismo interno entre amigos y enemigos. En este caso, el pueblo y la nación de un lado del ring, contra la oligarquía y el imperialismo, del otro lado.

Este esquema ayuda a entender el lenguaje del peronismo clásico. En sus momentos populistas, como la campaña electoral del '46, el discurso de Eva Perón (especialmente, hacia el final de su vida) o el del final de la década clásica (53-55), la oposición será nombrada como "la anti-patria", "la contra", los "cipayos", frente a "los descamisados de la Patria", los "grasitas" o, más sencilla y elocuentemente, "el pueblo". El lema "Braden o Perón", nacido en la campaña para la primera presidencia de

Perón, es un ejemplo cabal de esta contraposición. En los momentos en que ese conflicto se diluye y el peronismo pasa a ser un elemento más de la argentinidad, se da preponderancia al conjunto nacional nombrado como "comunidad organizada"[45].

Esta división del campo político puede servir para denunciar la traición o, en el mejor de los casos, la incomprensión, de antiguos amigos. Así ocurrió en los años setenta. El propio Perón, con el respaldo del sindicalismo, pasó a considerar enemiga a la organización Montoneros —integrante de las "formaciones especiales", como él mismo las llamó—, cuya acción había avalado tácticamente para forzar la apertura electoral de la dictadura militar que mantenía proscripto al peronismo y clausurada la vida política *sine die*. Pero también lo utilizaría Carlos Menem para legitimar una política opuesta a la que había prometido en su campaña electoral de 1989. En efecto, al girar radicalmente hacia el programa neoliberal, Menem trazó una división según la cual él estaba haciendo lo que el propio Perón habría hecho en su situación ("estoy haciendo peronismo de alta escuela", decía) mientras quienes en nombre de las banderas clásicas del peronismo lo acusaban prácticamente de traición, en realidad "se habían quedado en el '45", aludiendo nada menos que a la fecha de origen del peronismo. En el discurso menemista el poder real no residía en la oligarquía y el imperialismo, sino en un orden antiguo, unas estructuras viejas, que incluían a un Estado interventor que ya no servía a

---

45 Aboy, G., "Populismo y democracia...", op. cit., pp 135-139.

los intereses populares sino que los cooptaba y sometía, generando pobreza y decadencia. Los beneficiarios de ese poder anquilosado eran unas elites políticas, sindicales e incluso empresariales que resistían el cambio que el mundo demandaba. Representaban la oligarquía de un nuevo un mundo globalizado, post-guerra fría, en el cual hablar de imperialismo parecía un anacronismo. Lo que venía ahora era la "economía popular de mercado", tal como Menem la denominó, que no excluía por cierto a las organizaciones sindicales, sino que las reubicaba en el seno de la comunidad política.

Por su parte, el kirchnerismo atravesó varias fases en cuanto al señalamiento de sus propios antagonistas poderosos. En sus inicios, en el contexto de la salida de la crisis del 2001 y de la década neoliberal precedente, Néstor Kirchner se basó en la contraposición entre un país normal y un país caótico e inestable, que traducía a su vez la contraposición entre un Estado interventor y un Estado ausente o que se retiraba para dejar el campo libre a ese poder real situado fuera de las instituciones de la soberanía popular. Más adelante, ya en la presidencia de Cristina Kirchner, con el estallido del llamado "conflicto del campo" en 2008, aconteció el "momento populista" del kirchnerismo y, para muchos, el surgimiento efectivo de esta variante identitaria peronista.

Fue el momento de la llamada "grieta". La ya desleída antinomia peronismo-antiperonismo pareció revivir bajo otro ropaje distinto: kirchnerismo-antikirchnerismo. Ese nuevo eje provocó que hubiera peronistas "de Perón" y no peronistas a ambos lados de la fractura.

Fue entonces cuando la presidenta, acompañada por el entonces ya expresidente Néstor Kirchner, construyó la dicotomía que terminaría identificando al kirchnerismo hasta hoy: por un lado, el pueblo, el "Estado presente" y su modelo socialmente "inclusivo" y económicamente diversificado, los organismos de Derechos Humanos y la nación soberana y, por el otro, "los piquetes de la abundancia"[46], los grandes productores agropecuarios, el grupo de comunicación Clarín, la última dictadura "cívico-militar" y los poderes "concentrados" de la economía neoliberal nacional e internacional.

Tanto la traslación del poder real como la reformulación constante de la identidad peronista en cada momento histórico fueron interpretadas por el discurso antiperonista —o antipopulista[47]— como prueba de la "irracionalidad" del movimiento y de que su único fin sería el poder, si no directamente la corrupción. Estas críticas tienen un hilo conductor: el peronismo es un populismo típico, es decir, pura demagogia, por eso no tiene —a diferencia de los partidos modernos, ilustrados y racionales, serios— una ideología definida, que lo ataría, sino que

46 Esta expresión fue utilizada por la entonces presidenta Cristina Kirchner en un discurso de marzo de 2008 pronunciado durante el conflicto "del campo". Con ella buscaba contraponer los piquetes de 2001 y 2002 —los de "la miseria y la tragedia de los argentinos"—, cuando las clases medias y populares cortaban rutas y caminos en reclamo de trabajo o de los ahorros que les habían confiscado con el "corralito", con los que convocaban en esos días "los sectores de mayor rentabilidad" del país, que exigían una rebaja de las retenciones (impuestos) a las exportaciones.

47 Salvo con Menem, pues para muchos mantuvo las características típicas del peronismo en términos de corrupción e incluso demagogia... pero al servicio de un programa neoliberal, para muchos antiperonistas garantía de modernidad, seriedad y racionalidad políticas.

es pragmático porque su verdadero fin es el poder. Los cambios ideológicos, o su capacidad de albergar desde la extrema izquierda a la extrema derecha (un lugar común que habría que revisar, pues esto ocurrió sobre todo en los sesenta y setenta del siglo xx, pero ya no después), son posibles porque todos adoran al líder de turno, y están hipnotizados por su demagogia. Situar el poder real en otro lado le sirve de pretexto para poder acumular siempre más poder y, a la vez, para mostrarse como el débil, el que representa a las mayorías postergadas por aquel poder egoísta y mezquino, oculto, contra el que todo recurso siempre es poco. La traslación del poder le ha valido al peronismo además la tradicional crítica que se le hace al populismo (en cualquier sentido que lo entienda el antipopulismo) por ser "anti-institucional", "saltarse las mediaciones" o "no observar las reglas del juego", etc. En definitiva, para este discurso el peronismo no es políticamente racional, sino irracional en el sentido de que sólo busca la suma del poder, al punto de que "nació de él" (Golpe del '43). El peronismo sería, así, inevitablemente autoritario y corrupto.

Esto obliga nuevamente a desbrozar el camino de varios presupuestos muy comunes sobre el poder y la política. Vayamos por partes.

En primer término, señalar la existencia de un poder real ajeno a las instituciones representativas —calificado de "oligarquía e imperialismo"— que obstruye la democracia, se alinea con las corrientes igualitarias históricas (la izquierda de los siglos xix y xx, al menos hasta el pacto de posguerra europeo), que hablaban de "democracias burguesas" y, hoy, del predominio del mercado sobre el Estado. La divergencia sobre quién es el enemigo se vincula al contexto periférico, donde las élites minoritarias y el poder económico externo desempeñan un papel muy relevante. En todo caso, la crítica aquí podría cifrarse en quién representa ese poder fáctico en un país como la Argentina de mediados del siglo XX, si la oligarquía que había mantenido su modelo de acumulación hasta 1930 o más bien una burguesía industrial después de las transformaciones de la década de 1930. En este punto es importante detenerse en el sentido en el que se usa "oligarquía". Este término no suele designar con precisión a un actor social concreto; se emplea, más bien, como un calificativo que denigra y al mismo tiempo evoca a un sector terrateniente y rentista, sugiriendo su condición de minoría privilegiada con poder social y político.

En cualquier caso, el señalamiento de un poder real alude a algo más importante a la hora de entender qué es la política: que el poder no es algo circunscrito al diseño institucional y que se tramita dentro de él, sino que es ubicuo, coextensivo a la sociedad misma. Esto es clave en el peronismo, uno de sus principales rasgos distintivos que lo convierte en un actor político moderno, alejado del formalismo decimonónico, de la época en que la política la hacían sólo los notables. Precisamente por eso, el peronismo adquiere un rasgo modernizador e institucionalizador de las relaciones políticas: entiende que la política ya no puede prescindir de las masas ni de su movilización en el espacio público, y que, por lo tanto, los partidos y las instituciones formales deben reorganizarse para canalizar y dar expresión a esas nuevas formas. Este modo de comprender lo social refuerza su capacidad para construir y representar los intereses populares, pues lo sitúa en mejores condiciones de ejercer ese poder.

Un elemento fundamental de esta capacidad de representación y lucha es entender que reconocerse con menor poder —por no controlar el poder político-institucional— no significa asumirse desprovisto de todo poder. Para el peronismo, el poder es una relación social, no una potestad depositada en las instituciones a la que se accede formalmente según los procedimientos que dispone la ley. La potencia que tenga el poder no viene regulada de antemano por las competencias jurídicas, sino que es algo relativo, en buena medida una suma cero en disputa con otros. Por eso, el considerarse menos poderoso no ha hecho que el peronismo ocupe su lugar sino que salga de él en busca del poder que le falta para doblegar a los otros, a los que considera además en buena medida ilegítimos, sobre todo en democracia, porque brotan de lo fáctico (poder económico, poder de clase, imperialismo), no de lo elegido por el pueblo y, a menudo, contra éste.

Ahora podemos ver con más claridad de dónde proviene el recelo del peronismo con el modo liberal de entender la sociedad y el poder político. El peronismo desconfía de al menos dos características a través de las cuales el liberalismo se representa la sociedad y el poder político. La primera es el modo en que el liberalismo piensa la sociedad: la división entre sociedad civil y Estado, según la cual éste sería el único ámbito político y aquélla el espacio de distintas actividades privadas y por tanto apolíticas (economía, cultura, religión, ocio, ciencia, deporte, etc.). Para el peronismo, todo es político, en el sentido de que no hay formas naturales y espontáneas de organización social, sino que todas son históricas y derivan de una voluntad de hacer las cosas de una manera y no de otra. Por lo tanto, la lucha no se puede circunscribir al "ámbito" político que sería el Estado, sino que lo que pone en juego la política es la conformación misma de la sociedad como tal, cuyo poder representa el Estado. De ahí que el peronismo no comparta la noción de que hay actividades regidas por una ley natural inherente a ellas: el mejor ejemplo sería la economía, que según esa noción liberal debería auto-regularse a través de las leyes del mercado, del juego de la oferta y la demanda y la mano invisible que finalmente todo lo ordena. Pero otro tanto ocurre con las otras actividades señaladas, desde la ciencia hasta el ocio, pasando por el deporte y la cultura. Ninguna puede ser neutral y, por lo tanto, en una democracia —sobre todo entendida como lo hace el peronismo, como voz del pueblo— la soberanía popular tiene derecho al menos a tomar parte en su organización. Si no lo hace, otros poderes (privados) ocuparán su lugar. Así, el problema para el peronismo no es intervenir o no intervenir, sino quién y cómo interviene, pues lo imposible es la no intervención.

Como ya adivinará el lector, esta manera de entender el poder político por parte del peronismo despierta recelo entre los no peronistas y, sobre todo, entre los antiperonistas, quienes ven en ella una posible deriva totalitaria del movimiento fundado por Perón. Esta visión peronista del poder está en la base de su tendencia a la patrimonialización del pueblo y de la nación que ya hemos tratado ampliamente, pero cabe decir también que —como también hemos visto—, esa inclinación no casualmente se fue diluyendo a medida que la sociedad construida por el peronismo en su época clásica se consolidó. Esa comunidad política, cabe aquí reiterar, nunca abolió las instituciones del liberalismo político, sino que se adaptó a sus formas. Como aquel proceso consistió en la fricción entre democracia y liberalismo, podría considerarse como una democratización de la sociedad liberal, pero nunca como su destrucción.

La segunda característica liberal de la que el peronismo desconfía es la división de poderes. No se trata de un rechazo completo, sino de la sospecha de que esa división no tiene como verdadero fin distribuir y equilibrar el poder entre los distintos actores políticos, sino más bien debilitar todo poder político en favor del poder social de la clase dominante. Esa división de poderes sería un modo de neutralizar la soberanía popular, troceándola y contraponiendo sus distintas expresiones. En definitiva, sería un diseño en buena medida contramayoritario. Ahora se puede ver con claridad por qué el peronismo entiende la democracia como voz del pueblo más que como gobierno limitado. No interpreta ese límite como un verdadero freno al abuso de poder, sino casi precisamente como lo contrario: un modo de legitimar implícitamente el poder social de los más fuertes. Ese poder, al asentarse en ámbitos económicos, culturales o religiosos, es considerado por el liberalismo como no político, pues "pertenece" a la sociedad civil. Como se puede observar, esta segunda desconfianza es complementaria de la primera. Todo se resume en que para el peronismo el poder es político o, mejor, no hay poder que no lo sea.

Esta concepción —todo poder es político; el poder es lucha; nadie carece por completo de poder, sólo dispone de menos que otros— lleva al peronismo a lanzarse a la conquista de todos los ámbitos sociales, porque ninguno está vacío de poder y nada queda, en definitiva, fuera de la disputa. Ahora entendemos mejor que salir del desorden no puede implicar sólo una tarea gubernamental institucional, ni un esfuerzo que disminuya cuando se está fuera del gobierno, sino que se trata de una lucha intemporal y sistemática por la modelación política de lo social. El ritmo y la cadencia de esta lucha no la marcan las instituciones electorales, sino lo político. El ánimo, la voluntad y el ahínco de este cometido es el de las revoluciones, no el de las mejoras. Por algo la imagen de "la revolución inconclusa", en referencia a la transformación del peronismo clásico interrumpida por el golpe de 1955, ha sido recurrente en el peronismo: el orden (y el desorden) están en constante transfiguración.

El reconocimiento por parte del peronismo de la irreversible presencia de las masas en la política del siglo xx es también el de la creencia, la fe, la percepción, la persuasión y la voluntad como elementos decisivos de lo político, en especial de la política democrática. No es que estos rasgos antes no formaran parte de la lógica de lo político, sino que los regímenes predemocráticos, oligárquicos, al reducir el público político a las élites, sofocaban sus efectos, sobre todo en términos de pluralismo y, por tanto, de conflictividad. Por el contrario, la democracia en la modernidad da carta de ciudadanía —nunca mejor dicho— a esas características y, así, a sus corolarios en la vida social. Sin embargo, a menudo se interpreta este proceso como la exaltación de las emociones por líderes demagógicos y sin escrúpulos —agitadores de masas que, según esta mirada, encarnarían lo opuesto a la supuesta racionalidad de los políticos "sobrios" y "serios". Esa lectura encuentra en el peronismo su confirmación.

Estamos aquí ante un modo indirecto de rechazar lo político, que es de donde brotan en verdad esos elementos decisivos. El populismo recibe unas críticas por irracional que en realidad están dirigidas a la democracia como tal, aunque eso sea imposible de reconocer explícitamente. Esas críticas se realizan desde la ilusión de poder eliminar, en nombre de un saber y de una razón universal, los legítimos conflictos que plantea la vida en común. Como lo que está en disputa son valores, no existe una solución ejemplar, única. Pero la crítica antipolítica los atribuye a la irracionalidad de las masas y a la manipulación de los líderes carismáticos, porque parte de la *creencia autopercibida como racional* de que esa solución final existe y de que se sigue lo que dicta la razón sin pasiones o de un uso recto de la razón. Todo lo que no coincide con ese deber ser es así atribuido a una razón enturbiada por la emoción. De nuevo estamos ante el problema de la dignidad del juicio político de los ciudadanos comunes; más concretamente, ante la dificultad de recoger todas las consecuencias del hecho de que todos los ciudadanos tengan capacidad de juicio político. Pero, sobre todo, frente a un modo decimonónico, pre-freudiano, de entender la relación entre lo racional y lo irracional, que se conciben al modo platónico, como dos universos separados tajantemente y no entrelazados. Como esta mirada antipolítica no se conoce a sí misma, no percibe que su fe en la ciencia y en la razón es también una emoción como cualquier otra. De ahí la pasión con que se ha luchado por ella durante siglos.

Esta comprensión de la política (de masas) es una ventaja decisiva del peronismo tendrá frente a partidos tradicionales argentinos, a pesar de que la UCR hubiera sido protagonista de la incorporación de nuevos contingentes a la vida pública y hubiera encabezado revoluciones en la calle, o de que el Partido Socialista hubiera organizado a las clases trabajadoras en una red de instituciones de la sociedad civil. Pero hay algo distintivo en el peronismo, y es, en efecto, el reconocimiento del rol propio de las masas, con pretensión —como cualquier partido— de dirigirlas pero sin esa tendencia entre vanguardista e ilustrada de conducirlas a un nivel social y educativo considerado el adecuado y, en todo caso, superior al que tenían. Basta comparar la pulcra escenografía de acto escolar de los actos de la Unión Democrática con la de los torrentosos actos peronistas.

En ese sentido, paradójicamente, el peronismo tiene una actitud más liberal respecto de las masas que el resto de los partidos de entonces, pues busca que adquieran los derechos formales y materiales que no poseían, pero no para redimirlas ni para "elevarlas", sino para que decidan qué quieren ser, lo que incluye la dignidad de lo que ya eran. En todo caso, para que sigan encarnando, a su modo, lo popular. No había, por tanto, negación ni condescendencia pedagógica respecto de esa condición popular, sino una exaltación de ésta[48]. Desde luego, esto no

---

48 Un muy buen ejemplo del choque entre el mundo popular tal como lo entendió el peronismo y la "alta cultura" de los sectores medios (progresistas) es la película *El hombre de al lado* (2009), dirigida por

supone por nuestra parte despolitizar la relación entre partido y masas, entre líder y sindicatos, porque ese vínculo es siempre de cooperación y a la vez de lucha y coerción. Los fines comunes no determinan que la relación sea de armonía ni de reconciliación, sino de tensión. La construcción de un pueblo no es un proceso espontáneo y natural, sino político, atravesado por la voluntad de poder. Y aunque hubiera una innegable superioridad estratégica y de legitimidad del líder sobre las masas, como hemos visto, si algo caracteriza la historia del peronismo como movimiento es la disputa por el camino a recorrer, sobre cómo hacerlo e incluso —aun con Perón vivo— por momentos, sobre quién debía encabezarlo. Aunque suele destacarse el verticalismo y la ausencia de democracia interna en el movimiento peronista, su carácter abierto a la lógica de lo político hizo que la deliberación, más o menos enconada e intensa, a veces hasta niveles

_____

Mariano Cohn y Gastón Duprat. En ella tiene lugar un conflicto existencial entre dos personajes principales: Leonardo (Rafael Spregelburd), un diseñador y docente universitario de gustos refinados y elitistas que vive en una casa proyectada por Le Corbusier, y su vecino de enfrente, Víctor (Daniel Aráoz), un vendedor de coches de segunda mano, rústico y expansivo. Desde nuestra perspectiva, lo que la disputa pone en juego es la relevancia de lo que la sociedad considera el saber y la cultura adecuados para la sensibilidad y la moralidad en el trato con los demás, tanto en las relaciones personales, familiares, vecinales, profesionales o comunitarias. El conflicto específico que mueve la trama, al girar en torno a la tensión entre ventana y muro, comunicación y frontera, amistad y enemistad, constituye asimismo una aguda metáfora de la lucha histórica entre peronismo y antiperonismo. No casualmente, la historia vuelve a trabajar sobre la imagen de la casa tomada —es decir, del problema de lo común— del cuento homónimo de Julio Cortázar, que también ha sido interpretado históricamente como un modo de representar el significado de la emergencia del peronismo.

trágicos, de auténtica guerra civil dentro del movimiento, tuviera siempre un lugar en su seno. El peronismo, que por momentos parece encarnar él mismo la lógica de lo político más que una ideología equis, o al menos actuar comprendiendo que esa lógica prima y condiciona la realización de cualquier orientación programática, resulta un buen ejemplo de que la intención de ser verticalista —sea del que manda, sea del que obedece— es superada por la propia forma abierta del lenguaje, que no admite la clausura del sentido por ningún interlocutor, por más poder o intención de mando que tenga. Lo político no admite palabra definitiva. Aunque exista tal pretensión, el mensaje no es propiedad del que lo pronuncia, sino que inevitablemente cobra vida sólo como efecto en el "receptor". Éste, como ya notara Borges, es en realidad el auténtico creador, pues no se trata de un sujeto pasivo que decodifica la intención del hablante, sino que recrea eso que recibe.

La aceptación peronista de la existencia de conflictos radicales en torno a modos de vida choca con la mirada liberal, confiada en poder superar las disputas fundamentales merced a una racionalidad que nos descubriría el sentido último universal para las comunidades políticas, afincado en el respeto a los derechos individuales. El liberalismo no rechaza la conflictividad como parte de la vida social, pero sí la disputa radical en torno a qué sociedad queremos. Por eso, al decir de Carl Schmitt[49], el liberalismo

49 Schmitt, C., *El concepto de lo político,* Madrid: Alianza, 1991 [1932], pp. 99-100.

piensa el conflicto político como mera competencia y no como problema existencial, es decir, como una disputa alrededor de cómo queremos vivir. Compiten entre sí, como en un certamen deportivo, aquellos que tienen una misma meta. Pero una disputa radical enfrenta a aquellos que desean y tienen objetivos diferentes e incompatibles entre sí. Así los conflictos son "existenciales" en dos sentidos: porque —como dijimos— giran en torno a cómo se quiere vivir (en comunidad) y porque no alcanzar la meta —el triunfo del otro— equivale a una muerte no físico-biológica, sino algo quizás más importante: política.

En la reflexión teórica occidental sobre estos asuntos —a saber, qué es la política, cómo se construye un orden, por qué obedecemos en lugar de hacer lo que se nos ocurre— hay corrientes que suponen que la mejor forma de hacer duradero y estable un orden es presentarlo como "natural". Es decir, como algo que no se nos ocurrió a nosotros los humanos en una coyuntura histórica particular, sino que nos trasciende, que no es una cuestión de gustos ni está, por tanto, librado a nuestro capricho. En todo caso, nuestra intervención sería haberlo descubierto a través de la razón, como quien encuentra un tesoro. Ese estar más allá de nosotros, pero ser para nosotros, parece brindar a esa perspectiva naturalista una garantía de imparcialidad y adecuación, lo cual en definitiva la legitima. A eso podríamos llamarle neutralidad o, con un lenguaje muy en boga actualmente, como "no ideológico". De ese modo, nos aseguraríamos de que no proviene del fanatismo ni del apasionamiento momentáneo de nadie, ni beneficia en especial a unos más que a otros, sino que tiene las características de lo justo: es intemporal e impersonal, objetivo y universal. Al pensar el orden político así, esta forma de mirar el mundo supondrá que lo político mismo queda neutralizado. Esto significa que, si lo político es una eterna lucha entre voluntades particulares agrupadas en torno a modos de vida diferentes e incluso opuestos, tal disputa quedaría anulada por la aparición de algo indiscutible que está por encima de las partes en conflicto.

En la historia del pensamiento político occidental es dominante la idea de que hay formas de organización que responden a valores buenos para todos, humanos y universales. Si el pensamiento greco-romano señaló la Naturaleza —entendida como una suerte de inteligencia impersonal que diseñó y dio sentido al mundo y a lo humano— como fuente de esos valores, el judeo-cristiano se apoyó en la idea del Dios monoteísta. Más modernamente, corrientes de pensamiento que nos resultan familiares también mostraron la fuente en la cual habían encontrado esa verdad neutral que nos revelaba cómo debíamos vivir: el liberalismo, los derechos naturales; el marxismo, la historia; el conservadurismo, las tradiciones nacionales; e incluso el nazismo buscó su propio orden en las razas en que se dividía la humanidad. Desde la segunda posguerra y más intensamente en las últimas décadas, los Derechos Humanos ocupan muchas veces en las democracias ese lugar de ideario por encima de todas las disputas.

Decíamos que el peronismo se diferenciaba del pensamiento liberal —la base de los no peronistas, en definitiva— en que reconocía y aceptaba la existencia de conflictos radicales en torno a modos de vida. Porque tiende a descreer, probablemente por su carácter nacionalista, en idearios universales buenos para toda la humanidad. No obstante, a semejanza del liberalismo, el peronismo también tiene un elemento neutralizador de sus propias ideas: el organicismo[50].

En efecto, la función neutralizadora de lo político que en el liberalismo cumple el hecho de que sus fines políticos más preciados —los derechos individuales— tengan un fundamento natural y por eso indiscutible, racional y universal, en el peronismo —sobre todo en el clásico— la cumplirá el organicismo. Perón presentaba, por ejemplo, la relación entre capital y trabajo como complementaria entre "productores argentinos" para el bien de la nación. Esa trabazón neutraliza el conflicto porque la complementariedad ya no aparece como relación posible entre otras —una entre explotadores y explotados, por ejemplo—, sino como la única forma de relación posible para el bienestar popular y nacional.

No obstante, aquí cabe distinguir —como en el liberalismo mismo— dos hechos: una cosa es neutralizar y despolitizar la propia organización social que se prefiere y se busca hacer real, y otra cosa es creer que esa preferencia por un tipo de orden social no es política ni depende de una lucha histórica concreta. Quizá lo más notable en el peronismo clásico fue que el discurso anti-política de Perón, coherente y complementario con su organicismo, formaba parte de esa lucha misma por instaurar una comunidad que tuviera en el centro al

---

50 Noción a la que ya le dedicamos varias páginas en el segundo capítulo de la primera parte.

pueblo. Perón veía a los partidos y las disputas políticas que estos promovían como parte de un barullo superficial entre competidores "deportivos" o "comerciales" y no entre aquellos que tienen un desacuerdo radical, existencial. Un desacuerdo, eso sí, que podía tener profundas consecuencias negativas, como obstaculizar esa construcción histórica que él estaba encarando. En realidad, los partidos y sus disputas eran para Perón parte de esa vida de comité que el liberalismo consideraba, en su mirada estrecha, como la actividad política fundamental. Perón parecía así situarse en otro escalón, atendiendo más a lo político como una lucha intensa y siempre abierta sobre cómo debemos vivir que a la política de la mera negociación, enfrascada en pequeñas disputas de parte. El organicismo era un modo de naturalizar su preferencia por un tipo de comunidad, de cumplir con las exigencias del discurso de lucha política cotidiana, precisamente monopolizada por los partidos, los parlamentos y los medios de comunicación de masas. Pero lo hacía a costa de negar doblemente lo político tal como incluso él mismo lo entendía: por un lado, porque el organicismo implica la armonía de las partes y, por otro, porque también entiende que ese orden melodioso es natural. Y también soslayaba aspectos muy relevantes de la democracia política, de la libertad de expresión, de asociación y de protesta; del pluralismo, en definitiva, y así de la soberanía popular. Parecía aceptar y entender la lucha, pero a la vez percibirla como ofrenda al parto histórico de una sociedad que terminaría con todas las luchas. Por supuesto, lo político lo desmintió, al punto de que siendo el líder indiscutido, él mismo tuvo que, en su hora más popular, luchar por su propia voz.

La duda que emerge aquí es si el peronismo de Perón entendía que la lucha en algún momento se podía resolver, que formaba parte de una etapa superable de la historia, o si era constitutiva de la política. Pero esto último tampoco alcanza o lo dice todo. Porque la lucha puede ser inherente a la política, pero no necesariamente legítima, en el sentido de que aquellos que mantienen vivo el conflicto pueden hacerlo porque saben demasiado o porque saben poco. Es decir, podrían ser astutos luchadores contra el orden universal, humano y verdadero, debido a que en el orden existente sacan más provecho, pero podrían ser ignorantes que no caen en la cuenta de que el orden "bueno" también los beneficiará.

En cualquier caso, no se trata tanto de reconstruir qué es lo que pensaba realmente Perón sobre el conflicto, porque eso —como de cualquier otro autor o actor— es prácticamente inaccesible, salvo por su práctica, tanto teórica cuanto histórica. Más relevante resulta analizar qué efecto produjo en la vida política argentina en general y en el peronismo en particular. En este último, que es lo que nos interesa, parece haber dejado la noción de que lo político es en efecto lucha existencial y, como tal, en definitiva, inerradicable. Más aún si, como hemos dicho, el organicismo se fue diluyendo con el tiempo y, con él, la promesa de resolución definitiva de la conflictividad. No obstante, aunque la aceptación del conflicto perduró, algo de aquel organicismo se mantuvo bajo la forma de presentación de las disputas en términos de dos Argentinas históricamente irreconciliables, a las que al fin cualquier conflicto nuevo reenviaba, atravesadas por un único y mismo antagonismo eterno: pueblo y nación versus oligarquía e imperialismo. Pasara lo que pasase, ésa era "la contradicción fundamental", nombre elocuente, por cierto: hay conflicto radical (contradicción), pero es uno y ahistórico (fundamental). Así ocurrió en gran medida con el último gran conflicto vivido bajo un gobierno peronista, como fue el ya mencionado "conflicto del campo" en 2008-2009, bajo la presidencia de Cristina Kirchner. En el discurso kirchnerista siempre era posible la traslación: reconstruir el bando de *los malos* (la oligarquía terrateniente, el modelo agro-exportador, al que se sumaba ahora la dictadura *cívico*-militar de Videla, el neoliberalismo del presidente Menem) agregándole el último y nuevo mal. En este caso, el rechazo de las corporaciones empresariales agropecuarias de una subida de impuestos, que reactivaba todo el conflicto histórico argentino desde 1810 a la actualidad. Detalles "nimios" quedaban aplanados en esta simplificación sólo apta para hinchas: Menem había sido presidente del peronismo, votado y apoyado por los peronistas durante una década; el programa económico de la dictadura había empezado de facto con el ajuste del último gobierno peronista, el llamado "Rodrigazo" (por Celestino Rodrigo, ministro de economía) de junio de 1975; y, finalmente, el peronismo había sido refractario al movimiento de derechos humanos hasta los primeros años de la democracia recuperada en 1983.

Esta moralización del adversario que hacía el discurso kirchnerista es propia de la lucha política cotidiana. En ésta, las fuerzas en disputa (los partidos, los medios de comunicación) suelen moralizar más que debatir porque su fin es movilizar voluntades, no explicar los problemas y tratar de convencer. Se moraliza cuando en lugar de analizar la posición del otro como idea se impugna la persona del oponente calificándolo de malo, y en lugar de fundamentar la propia posición, el que habla se autocoloca en el lugar del bueno. Así, todo lo que piensan "los buenos" es bueno y todo lo que sostienen "los malos" es malo.

En cualquier caso, el modo de moralizar se elige, al menos más que el hecho mismo de moralizar, que en buena medida viene exigido por la simplificación que acarrea la lucha misma. El que eligió el kirchnerismo guarda relación con los otros dos grandes momentos peronistas (Perón, Menem), pues presentó el desacuerdo como una disputa no tanto entre adversarios contingentes que *competían* por resolver un problema importante pero puntual, sino más bien entre enemigos esencializados e inveterados que se estaban jugando el destino final de la comunidad política o, dicho en el léxico peronista, "la felicidad del pueblo y la grandeza de la nación". No casualmente, hacia el final de su ciclo, el kirchnerismo trató a la oposición como "fuerzas destituyentes" ante las cuales "la Patria está en peligro".

Esta forma de moralizar vuelve a poner sobre el tapete la ambivalencia del peronismo. Por un lado, su comprensión de lo político, que lo lleva a aceptar la presencia de conflictos existenciales entre enemigos, y no sólo la de disputas de menor intensidad entre competidores o adversarios. Pero, por otro lado, la tendencia a convertir cualquier conflicto en una lucha existencial y definitiva, final. La paradoja es doble y radica en que un ojo sensible a los diferentes tipos de conflicto no sepa distinguir ante cuál de ellos está en cada momento. Y que un actor agudo en la interpretación de las coyunturas históricas remita toda circunstancia a un conflicto teleológico, como si los asuntos políticos fueran solubles definitivamente y no de modo siempre parcial, contingente.

El problema no radica en lo que la visión liberal consensualista de la democracia suele criticarle al peronismo, el "dividir" o "polarizar" la sociedad, porque en un aspecto toda comunidad se basa —como hemos visto— en la exclusión de lo que considera inaceptable y, por tanto, ya está dividida. Frente a este reproche, basado en la ilusión de una política sin poder ni conflicto, la cuestión es distinguir los tipos de conflicto y sus variaciones históricas, que los vuelven irrepetibles e insolubles. La cuestión no es la división misma, sino qué asunto nos divide y qué pone en juego. Por eso el problema está en ver en toda diferencia una enemistad, que no casualmente fue lo que pasó entre peronistas y antiperonistas e impidió la estabilización de la democracia en la Argentina hasta 1983. Ambos sectores toleraron mejor las diferencias en el propio campo que fuera de él. Siempre habrá enemigos, pero también amigos con diferencias.

Conclusiones

Hemos llegado al final del recorrido. A modo de síntesis y recordatorio de lo expuesto, vamos a reunir las respuestas a las preguntas *europeas* de la primera parte con la descripción de los rasgos invariantes del peronismo desarrollados en la segunda. Esperamos que así, finalmente, se termine de construir esta guía para espantados, encantados y desorientados que fuimos tejiendo:

1. Sin verse a sí mismo como de izquierda ni pertenecer a esa tradición, el principal valor que el peronismo ha favorecido es la igualdad, al integrar a las masas trabajadoras en la vida colectiva. El peronismo es un nacionalismo popular. Su nacionalismo no es agresivo, imperialista, sino defensivo, antiimperialista. Para el peronismo, la Argentina es un país dependiente. Los países periféricos no están estrictamente realizados como naciones soberanas ni en lo económico, ni en lo político. Por eso tampoco pueden ejercer en plenitud la soberanía popular, condicionada por poderes externos aliados a socios locales. Para el peronismo el problema político clave es el antagonismo del pueblo con la oligarquía y el imperialismo. Por eso el poder real siempre está desplazado. Las instituciones políticas formales, sobre todo en países dependientes, no tienen el verdadero poder y es una meta política

prioritaria lograrlo. La realización de esa meta significa la reunión de lo nacional con lo popular.

2. La principal obra histórica del peronismo ha sido sustituir a la oligarquía por el pueblo como corazón de la nación. Por eso es revolucionario, sobre todo en su década clásica (1946-1955), cuando reconfigura la comunidad política sobre unos valores nuevos. Con ello alcanza su objetivo principal, evitar el desorden que veía entonces vigente, que al excluir lo popular de la nación abría la puerta a una potencial "revolución comunista". El orden nuevo que crea a partir de 1946 tiene importantes rasgos corporativos y organicistas. Estos son ambivalentes: por un lado, favorecen la igualdad y, por otro, producen, discursivamente, una patrimonialización antipluralista del pueblo y de la nación.

3. Esa integración igualadora hace que la tarea histórica del peronismo de Perón resulte democratizante. El peronismo clásico tuvo importantes rasgos autoritarios sin ser una dictadura, pues no necesitaba de la represión para sostenerse ya que contaba con un amplísimo apoyo popular. Además, el parlamento y las elecciones nunca dejaron de existir. El componente autoritario, apoyado en su organicismo, llegó a comprometer el Estado de Derecho, pero desde entonces y con el paso de los años se fue diluyendo. Sobre todo, a partir de 1983, el peronismo fue haciendo suyos valores de la democracia liberal, como los Derechos Humanos. La etiqueta de "demagogia" como explicación del vínculo perdurable entre mundo popular y peronismo se apoya en la desconfianza en el juicio político de los ciudadanos. Es una moralización que, como tal, niega el carácter político de toda identificación entre representantes y representados y, en última instancia, hace imposible la democracia.

Siendo importantes e ineludibles para su caracterización, estos rasgos no son lo más distintivo del peronismo. Lo particular del peronismo no es tanto el tipo de política que hace, sino cómo la hace. Su especificidad no radica tanto en su programa ni en su ideología, que los tiene, sino sobre todo en su modo de comprender y practicar lo político. Las respuestas a las preguntas acerca de si el peronismo es de izquierda o de derecha, democrático o autoritario y popular o demagógico arrojan un resultado que podemos hallar en otras fuerzas políticas, así como las sospechas de debilidad ideológica, liderazgo vertical y ansia de poder a cualquier costa que despiertan en sus opositores. Lo que en todo caso podría resultar más específico del peronismo es el nacionalismo popular antiimperialista, pero sólo para una mirada eurocentrista que a su vez niegue el enorme peso histórico del nacionalismo popular —a menudo también antiimperialista— en países como Francia, Italia, España, Inglaterra, Alemania, Rusia (URSS incluida) o Estados Unidos. Así que quienes buscan en el programa o en los valores del peronismo su sello distintivo están buscando donde no deberían. La clave, creemos, está en otro lado.

El peronismo plantea todos los problemas de lo político. Los recelos y críticas que suele despertar parten a menudo de unos presupuestos muy arraigados en nuestra tradición de pensamiento occidental dominante —esencialista, antipolítica y eurocéntrica— prolongados y así reforzados por la concepción hoy hegemónica de la democracia como consenso, que ve en eso que llama "populismo" —y su correlato, la "polarización"— su antagonista principal.

Por eso durante nuestro recorrido a menudo hemos tenido que retroceder a cuestiones conceptuales y metodológicas, porque cuando no se comparten los puntos de partida es muy difícil incluso clarificar dónde radican las diferencias. Por ejemplo, cuando se critica (o se alaba) al peronismo por su emocionalidad o irracionalidad, desde nuestra perspectiva no sería provechoso en términos de conocimiento —ni honesto intelectualmente— aceptar el presupuesto inconsistente de una división tajante entre racionalidad e irracionalidad. Por eso para responder tuvimos ante todo que explicitar que nuestro punto de partida conceptual era diferente, desarmando tal contraposición y reformulando la relación entre sus términos. Otro tanto ocurre con nociones utilizadas habitualmente para abordar estos casos, tales como demagogia, anomalía, democracia, pueblo, hegemonía, izquierda y derecha, polarización o nacionalismo. Sin deshacer ese sentido común no se puede ni siquiera esbozar una interpretación diferente.

Nuestra hipótesis es que el desconcierto que el peronismo despierta es en el fondo un rechazo de lo político. Esa extrañeza tiene forma, no es muda. Es perplejidad ante lo que ya se ve de antemano como anómalo, oportunista, demagógico, emotivo, violento, corrupto. Esas características, además de negativas, son sobre todas las cosas un modo de caracterizar al peronismo como error y deformación. Habría así un gran malentendido, una desviación de lo que debería ser, que lo vuelve posible y duradero. Pero como en política no hay absurdo, ni sinsentido, ni absolutos, lo que esa mirada hace en verdad es negar el carácter político de, en este caso, el peronismo. Se rechaza la legitimidad de una fuerza que abraza lo político sin miramientos para mantener la ilusión de que lo político es otra cosa y que lo que esa fuerza muestra ejemplarmente en realidad es su extravío.

Esta no aceptación del carácter político del peronismo es la mirada habitual que encontramos en las preguntas que hemos llamado *europeas* y, también —ya es hora de decirlo— en el antiperonismo argentino. Ambos parecen estar convencidos de que hay una sola forma de hacer política e incluso política democrática, que es la que supuestamente rige en los países "avanzados", propia de los pueblos "maduros", caracterizada por el consenso, la racionalidad, la seriedad, la división de poderes y el parlamentarismo.

Pero la extrañeza ante el peronismo da lugar también a otra posición: la de una perplejidad que es deslumbramiento, encantamiento, y no espanto, como la primera. Donde los otros recelaban del peronismo por anómalo, éstos ven excepcionalidad y, sucesivamente, sustituyen el oportunismo por la genialidad del conductor; la demagogia, por el verdadero amor al pueblo; lo emotivo, por la felicidad; lo violento, por la lucha; y lo corrupto, por el deseo. Esta fascinación *europea* y también peronista es simétrica opuesta a la aprensión *europea* y antiperonista. Porque, sobre todo, constituye igualmente un rechazo de lo político, al que ahora esta posición se ilusiona con transformar en una eterna celebración del Bien, quitándole toda dramaticidad, contradicción, ambivalencia, dolor, traición y delito. Es el mismo aplanamiento, pero levantado con otros materiales.

El modo de salir de este brete que rechaza mirar lo político a los ojos es separar crítica ideológica y crítica política. Esto implica, en primer lugar, afirmar que lo político tiene unas características que se vuelven ineludibles para todo aquel que se entrevere con él, independientemente de los valores o ideología que profese. Por eso son exigencias, no propiamente elecciones o preferencias. Y, en segundo término, que la crítica ideológica para ser tal no necesita negar el carácter político de aquello que está examinando.

Lo político no se elige: o se acepta, o se disimula esa aceptación racionalizándola, o se intenta, siempre sin éxito, eludirla. Por eso no forma parte estrictamente del programa de una fuerza política, si bien qué relación establezca con lo político la caracteriza. De ahí que no tenga sentido mezclar ambos niveles, sea atribuyendo lo político a lo ideológico, sea negando el carácter político de una fuerza debido a los fines que persigue. Es como si se creyese que el cirujano corta, quema y extirpa por el modo que tiene de ejercer el arte del curar y no por cómo es la lógica del curar, o que un tenista se cansa por su forma de golpear la pelota y no por la lógica del tenis como juego.

Por eso reconocer como virtud de una fuerza política su comprensión de la especificidad de lo político no implica un acuerdo programático con ella. Traducido a nuestro caso: se puede ser no peronista sin considerar al peronismo como una aberración de la historia, sino simplemente como una orientación que no se comparte. Del mismo modo, la identificación con una ideología no necesita basarse en que sus valores son los únicos que realizan lo político. Trasladado a nuestro ejemplo: se puede ser peronista sin necesidad de pensar que el peronismo es la única fuerza que realiza unos valores presuntamente inherentes a la política (o a la *argentinidad*).

Como ya hemos dicho, lo político no se define por los fines que busca, ni hay alguno que le sea propio ni que, por tanto, lo realice en plenitud. Por el contrario, se caracteriza por su lógica interna. Por eso cualquier fin o programa puede alcanzar carácter político. Dicho de otro modo: el carácter político de una fuerza no depende de los fines que busque. Lo político no es un valor, sino unas condiciones en las que se actúa.

Los deslumbrados y los espantados ante el peronismo difieren en que si para unos el programa peronista corrompe lo político (consenso, racionalidad, instituciones republicanas), para otros lo realiza en plenitud (felicidad del pueblo y grandeza de la nación). Pero comparten lo principal: ambos creen que lo político tiene unos valores naturales y, por lo tanto, que hay una única manera de realizarlo.

Ahora bien, si hemos dicho que lo político plantea exigencias ineludibles a todos los que lo practican ¿cómo podría ser una particularidad del peronismo su modo de hacer política? ¿No sería el rasgo común de cualquier actor político? Lo es porque el peronismo no ha resistido a esas exigencias, sino que se ha zambullido en ellas. Pero ¿cómo podría resistirlas si son ineludibles? Porque, en diferente grado que otras fuerzas políticas, no ha disimulado el mal al que lo político obliga bajo distintas formas: cambios de posición, alianzas indeseadas, uso de la fuerza, incumplimiento de pactos y promesas, y algunas cosas más que hemos ido contando en estas páginas. A diferencia de otras fuerzas, el peronismo no racionaliza el mal presentándolo como un bien, sino que ha aceptado el mal como precio para el bien. El peronismo se ha llevado bien con la necesidad, sin obligación de convertirla en virtud; ha llamado al mal mal, no bien. Esto no significa que siempre lo haya explicitado a la luz del día, pero sí que no lo ha disimulado demasiado y que las críticas que ha recibido por ello las ha aceptado sin complejos, como gajes del oficio. Por ello en buena medida ha podido ser visto como el único que incurría en esas prácticas, cuando en verdad era el único que las aceptaba sin pataleos. Por todo ello cabe decir que el peronismo ha aceptado el principio clave de lo político: la exigencia de, llegado el caso, realizar un mal menor para evitar un mal mayor. Este cálculo siempre es subjetivo y, por tanto, podría arrojar otro resultado. Pero que la cuenta pueda ser otra no equivale a que quepa evitar hacerla. Esto implica que entrar en el mal es ineludible. Otra cosa es cuánto se entra y para qué. Para concluir, veamos algunos ejemplos.

Cuando Perón marcha al exilio tras ser derrocado evita el mal mayor de una potencial y quizá inminente confrontación civil, del mismo modo que había recurrido sin dudarlo a la represión ilegal para conseguir algunos de sus fines durante sus tres gobiernos. Menem no ocultó que lo que había dicho en campaña electoral era diferente de lo que se proponía hacer, y que lo había dicho porque si no, no hubiera ganado la elección. Duhalde comprendió que el asesinato de dos activistas piqueteros implicaba una pérdida irremisible de legitimidad incompatible con su rol de presidente, aun en una situación de emergencia de la cual, por cierto, se hizo cargo. El kirchnerismo no disimuló que su gobierno fuera "posneoliberal", en el sentido de que no había podido revertir la sociedad neoliberal sino solo paliar sus efectos más nocivos. Néstor Kirchner no ocultó que para conseguir lo que consideraba un fin bueno, una mayor capacidad de decisión política autónoma, tenía que incurrir en lo que también entendía era un mal menor, pagarle al FMI toda la deuda, si bien luego de obtener una quita. Cristina Kirchner explicitó abiertamente su cambio de posición ante la cuestión del aborto, tanto como su negativa a entregarle el bastón presidencial a Macri.

No sólo en el gobierno el peronismo obró así, descarnadamente, sino también en la derrota. La resistencia peronista recurrió a una violencia intermitente y de baja intensidad, casi testimonial, para mantener la movilización y reivindicar el retorno de Perón al país y la legalización del peronismo en los años de proscripción y persecución. El sindicalismo se mantuvo organizado sin renunciar a su identidad, lo cual a su vez no fue obstáculo para negociar incluso con los gobiernos que mantenían la proscripción del peronismo.

Los ejemplos se podrían ampliar, pero no es el punto. La cuestión decisiva es que se puede estar de acuerdo o no políticamente con esas decisiones que hemos enumerado; se puede discutir si los medios eran éticamente buenos y políticamente eficaces para conseguir los fines que decían buscar y, por supuesto, se pueden compartir o no esos fines. Pero eso no altera el hecho de que esas decisiones expresan un modo de actuar que en gran medida acepta los rigores de lo político: la de una lucha por persuadir y conquistar voluntades en la que el bien viene indefectiblemente mezclado con el mal. En definitiva, salir del desorden era ya un modo de anunciar que lo central era evitar el mal mayor. Pero abrazar a veces el mal sin vueltas no es "ser" el mal y mucho menos el único mal.

No rehuir lo político no se traduce sólo en hacer el mal, sino también en rasgos que cabe valorar positivamente ya que se condicen, por ejemplo, con el espíritu de la democracia. En efecto, si lo político es construir voluntades colectivas (partidarias y nacionales) sobre valores compartidos, esto sólo se consigue persuadiendo y no por la fuerza bruta. Lo cual significa que la búsqueda del poder no se puede lograr sin negociar con otros la propia identidad. Sumar voluntades cambia al persuadido, pero también al persuasor. Esto es lo político entendido como hegemonía, y no —como dice el sentido común de los medios y de la ciencia política dominante— que todos piensen igual hasta los últimos detalles, ni imponerse y dominar por la fuerza con intención totalitaria, sino volver valiosos para el conjunto unos valores que inicialmente no pueden sino ser de una parte.

Pues bien, esto es lo que ha caracterizado históricamente al peronismo, por eso decíamos que su obra fue revolucionaria, en la medida en que dio forma a una nueva comunidad política. Esta capacidad de negociar los propios valores, que habitualmente es tachada de oportunismo porque es vista con los ojos esencialistas de nuestra tradición occidental dominante, supone también una flexibilidad coherente con el pluralismo democrático. Cabe recordar aquí que, en definitiva, el peronismo es desde sus inicios una confluencia de al menos tres tradiciones políticas, no sólo un liderazgo omnímodo y una masa fiel.

Esta cruda aceptación de lo político del peronismo ha sido muchas veces atribuida, por la mirada celebratoria, a su carácter plebeyo, al cual se le presupone el mérito de la autenticidad. Es otro modo de confundir el plano ideológico con el modo de hacer política, como si la dura y severa vida popular determinara un único modo de estar en el mundo: sincero, llano y sin rodeos. La otra versión, la condenatoria, deduce de ese mismo carácter plebeyo no autenticidad sino ignorancia, irracionalidad y mentalidad de rebaño. Epistemológicamente no difieren, pues las dos esencializan una identidad (lo plebeyo) para deducir de ella características fijas e inmanentes.

Sin embargo, como suele ocurrir, aun reflexiones que no nos convencen apuntan a cuestiones relevantes. Esas cosificaciones de lo plebeyo son también un modo de abordar la cuestión de clase. Al presentarse y ser percibido por detractores y partidarios como expresión —muchas veces única y excluyente— de lo popular y, además hacerlo legitimando los gustos y las formas de vida populares existentes, sin la finalidad de elevación pedagógica que las izquierdas y la cultura oficial pretendían, el peronismo puso en juego y activó los prejuicios y rechazos de clase, quedando asociado entonces a lo primitivo, mostrenco y excesivo, sea como elogio o como rechazo. Su forma de comprender y practicar lo político fue, entonces, adjudicada a esa pertenencia de clase, con su barbarie, sensualidad y voracidad descarnadas.

El peronismo resultará un enigma sólo en la misma medida en que lo sea lo político mismo. Ambos comparten la vidriosa ambivalencia entre acuerdo y lucha, transformación y orden, parte y todo, convicción y necesidad, virtudes y faltas, persona y comunidad, paz y coacción, apariencia y creencia, legitimidad y legalidad. En definitiva, una combinación ineludible y, sobre todo, insoluble, de bienes y males. Cabría decir entonces que el peronismo ha sido una fuerza no maquiavélica, sino maquiaveliana. Por eso ilusionarse con resolver tan dolorosa mezcla convirtiendo al peronismo y a lo político en un Mal o en un Bien absolutos no sólo es no comprenderlos, sino —como nos enseñó Weber— "ser un niño desde el punto de vista político". Este desafío no sólo se le presenta a sus seguidores por asumir esa identidad, sino también a sus adversarios o enemigos al rechazarla. Aquello de lo que unos y otros creen desembarazarse con su rechazo o aceptación en realidad pertenece en gran medida a la lógica de lo político. Y, por lo tanto, fatalmente a todos ellos.

Así, entonces, el peronismo se ha caracterizado históricamente por ser una poderosa, intensa y audaz voluntad constructora. Su agudo sentido de lo político le ha permitido comprender que este consiste siempre en apostar a resolver, a través del poder de la creación, de la imaginación y de la persuasión, el misterio de cómo convertir en probable lo meramente posible. Por eso ha sido realista. Si esta calificación parece paradójica, es porque estamos acostumbrados al realismo algo simplón de la razón de Estado que entiende "la realidad" como rocas imposibles de horadar. Por eso lo primero que hacía esa mirada "realista simple" era señalar a la naturaleza humana, a la historia o a las relaciones de poder como lindes infranqueables para el pensamiento y la acción. Por el contrario, el peronismo ha sido un realismo "probabilista", con la vista fija no en lo que no se puede hacer, sino en aquello que sí se puede transformar, como el artista que no se arredra ante la resistencia de los materiales con los que trabaja, sino que los estudia para llevarlos más allá. El gesto inicial del peronismo de reunir nación y pueblo como pilar de una nueva comunidad política democrática justo cuando eso venían de hacerlo los fascismos ya moribundos y desprestigiados, anunciaba toda una forma de hacer política. Esta se prolongaría en sus siguientes mutaciones, todas integradoras de elementos a priori contrarios: liberación nacional y democracia liberal representativa en los setenta; neoliberalismo y "economía popular de mercado" en los noventa; y neodesarrollismo "nacional, popular y democrático" de base sojera ya en el siglo veintiuno. Rasgos contrarios para quienes piensen que la política es reductible a la lógica cartesiana, no a su lógica, la de lo político, que es la de la creación. Emerge a la luz entonces cómo el modo de hacer política resulta el invariante que late debajo de las diferentes expresiones históricas del peronismo, las que, no obstante, no son vacías ni meros subproductos de aquél, sino que siempre buscaron salir del desorden vigente edificando una nación integrada cuyo centro fuera el pueblo.

Agradecimientos

Mi primer agradecimiento es para Santiago Gerchunoff, editor de este libro, quien ideó el proyecto de explicar el peronismo a los europeos y tuvo la deferencia de convocarme para ello. Luego, como suele suceder, el proceso de elaboración y discusión de los distintos manuscritos fue llevando aquella primera idea hacia otros puertos, en cualquier caso, no distantes del original. Como gran editor que es, Santiago por momentos ha obrado como padre y en otros, como hermano. En cualquier caso, ha sabido dar aliento, confianza y ser crítico, siempre con entusiasmo, inteligencia y humor, lo cual ha hecho todo mucho más sencillo. Le debo también haber transformado mi punto de vista sobre el punto y coma.

Quiero agradecer también a los colegas y amigos que tuvieron la generosidad de leer y discutir versiones preliminares del texto. A Gerardo Aboy, Sebastián Giménez, Julián Melo, Nahuel Rosas y Patricio Urruchúa, del Centro de Estudios Sociopolíticos de la Escuela Interdisciplinaria de Altos Estudios Sociales (IDAES), de la Universidad Nacional de San Martín (Argentina). También a Cecilia Lesgart y a Gastón Soroujón, a los miembros de su equipo de investigación, así como a los asistentes al seminario del Instituto de Investigaciones de la Facultad de Ciencia

Política y Relaciones Internacionales de la Universidad Nacional de Rosario (Argentina).

Vaya mi especial agradecimiento a Pablo Gerchunoff por su interés en leer el original y sus comentarios agudos, útiles y sugerentes. Para mí ha sido una gran suerte poder contar con su punto de vista.

Gracias a los estudiantes del Máster de Estudios Contemporáneos de América Latina, de la Universidad Complutense de Madrid. Allí, intentando responder anualmente a la renovada pregunta del millón ("pero ¡¿qué es el peronismo?!"), de algún modo empezó todo.

Y gracias a Rosa por esa forma que tiene ella de saber acompañarme y apoyarme.

Apéndices

CRONOLOGÍA

1916-1930. Primer ciclo de gobiernos democrático-populares

1916-1922 Primer gobierno de Hipólito Yrigoyen (Unión Cívica Radical), de tendencia nacional-popular.

1922-1928 Segundo gobierno radical. Presidencia de Marcelo T. de Alvear, de tendencia liberal.

1928-1930 Tercer gobierno radical. Presidencia de Hipólito Yrigoyen.

1930-1943. Década Infame (fraude electoral)

6 sep 1930 Golpe de Estado contra Yrigoyen.

Presidencias Agustín Pedro Justo (1932-1938); Roberto Ortiz (1938-1942†) y Ramón Castillo (1942-1943).

1943-1945. Golpe de junio y normalización institucional

4 jun 1943 Golpe de Estado del Grupo de Oficiales Unidos (GOU), del que participa Juan D. Perón. Presidencias: Arturo Rawson (4-7 de junio 1943), Pedro Pablo Ramírez (7 junio 1943-9 marzo 1944) y Edelmiro Farrell (9 marzo 1944-4 junio 1946).

27 nov 1943   Creación de la Secretaría de Trabajo y Previsión. Perón, primer secretario.

17 oct 1945   Movilización popular a Plaza de Mayo para pedir la liberación del coronel Perón, hasta hace poco secretario de Trabajo y Previsión, ministro de Guerra y vicepresidente de la nación. Primer discurso de Perón ante una Plaza de Mayo colmada de trabajadores.

1946-1955. Era del peronismo clásico

24 feb 1946   Triunfo electoral de Perón (Partido Laborista) sobre Unión Democrática (UCR, PS, PC y PDP).

23 sept 1947 Ley del sufragio femenino abanderada por Eva Perón.

11 mar 1949   Reforma constitucional peronista. Derechos sociales y reelección indefinida del presidente.

28 sep 1951   Intento fallido de golpe de Estado del general Menéndez apoyado por importantes sectores de la oposición.

11 nov 1951   Elecciones presidenciales. Triunfo de Perón.

4 jun 1952   Inicio del segundo mandato.

26 jul 1952   Muere Eva Perón.

15 abr 1953   Atentado terrorista con bombas durante una masiva concentración peronista en Plaza de Mayo (7 muertos y 80 heridos). En represalia, grupos peronistas queman la Casa del Pueblo —sede del Partido Socialista—, el Jockey Club y atacan las sedes de la UCR, del Partido Demócrata (conservador) y del diario opositor conservador *La Nación*.

16 jun 1955   Bombardeo de la Plaza de Mayo por la aviación naval para derrocar a Perón provoca más de 300 muertos y 800 heridos.

9 sep 1955 Golpe de Estado contra Perón apoyado por la oposición. Perón marcha al exilio. Inicio de la llamada "Revolución Libertadora".

1955-1958. Dictadura de la Revolución Libertadora

Presidencias (de facto) Eduardo Lonardi (1955) y Pedro E. Aramburu (1955-1958).

24 nov 1955 Decreto/Ley 3855 de disolución del Partido Peronista. Inicio del proceso de "desperonización" del país.

5 mar 1956 Decreto/Ley 4161 prohibiendo símbolos, nombres e ideología peronistas.

9 jun 1956 Levantamiento de un reducido número de militares peronistas encabezado por el Gral. Juan José Valle. Ley marcial a los cabecillas y fusilamientos irregulares de doce civiles.

30 ago 1957 Convención constituyente. Derogación por decreto de la Constitución de 1949. Restauración de la Constitución de 1853.

23 feb 1958 Elecciones presidenciales. Arturo Frondizi (UCRI) hace un pacto con Perón (apoyo por fin de la proscripción) y gana las elecciones.

1958-1966. Intento de "democracia" con proscripción del peronismo

1 may 1958 Arturo Frondizi, presidente. Frondizi no cumple el pacto con Perón y gira a la derecha. Política económica promercado y promoción de la educación privada.

29 mar 1962   Golpe de Estado. Asume el vicepresidente Guido.

7 jul 1963   Elecciones presidenciales. Triunfo Arturo Illia (UCRP).

12 oct 1963   Gobierno de Arturo Illia. Política económica, social y exterior nacional-popular. Levanta parcialmente el veto al peronismo.

2 dic 1964   Perón intenta retornar al país. Su avión es detenido en Río de Janeiro y reenviado de vuelta a Madrid.

1966-1973. Dictadura militar de la Revolución Argentina

28 jun 1966   Golpe de Estado de la "Revolución argentina" contra Illia encabezado por el General Juan C. Onganía y apoyado por parte importante del sindicalismo peronista. El propio Perón aprobará el golpe.

29 jul 1966   Intervención de las Universidades y desalojo por la fuerza de la Facultad de Ciencias Exactas de la UBA, hecho conocido como "La Noche de los Bastones Largos".

29/30 may 1969   Protestas callejeras de trabajadores en Córdoba ("Cordobazo"), Tucumán ("Tucumanazo") y Rosario ("Rosariazo").

29 may 1970   Primera acción notoria de Montoneros. Secuestro y posterior asesinato del exdictador Pedro E. Aramburu.

8 jun 1970   Onganía es reemplazado por el Gral. Roberto Levingston.

26 mar 1971   Levingston es derrocado y asume el Gral. Alejandro A. Lanusse. La dictadura comienza a negociar con Perón la salida electoral.

30 jun 1969   Asesinato de Augusto T. Vandor.

17 nov 1972   Retorno de Juan D. Perón al país tras dieciocho años de exilio y proscripción.

1973-1976. Tercer gobierno peronista

11 mar 1973   Héctor J. Cámpora, el candidato testaferro de Perón, gana las elecciones apoyado por la izquierda peronista.

25 may 1973   Asunción de Cámpora. Perón permanece en Madrid, impedido de presentarse por una argucia legal contra su persona por parte de la dictadura (los candidatos debían tener un tiempo de residencia en el país que Perón no cumplía por haber estado exiliado).

20 jun 1973   Retorno definitivo de Perón al país. Batalla campal entre la izquierda y la derecha peronistas en el acto de bienvenida a Perón en las cercanías del aeropuerto ("Masacre de Ezeiza"), con un saldo no oficial de unos 13 muertos y casi 400 heridos.

23 sep 1973   Triunfo de Perón en las elecciones generales. Dos días después, Montoneros asesina al secretario general de la CGT, José I. Rucci, mano derecha de Perón y del sindicalismo ortodoxo.

21 nov 1973   Primer atentado terrorista de la organización paramilitar Triple A (Alianza Anticomunista Argentina), organizada por José López Rega (secretario personal y ministro de los presidentes Cámpora, Perón y María Estela Martínez de Perón). La víctima, que salva su vida, es el senador Hipólito Solari Yrigoyen (UCR), sobrino nieto del expresidente Hipólito Yrigoyen.

27 feb 1974 Golpe de Estado policial que derroca al gobernador constitucional de la provincia de Córdoba, Ricardo Obregón Cano y su vicegobernador Atilio López, ambos de la izquierda peronista. El gobierno nacional de Juan D. Perón interviene la provincia días después sin reponer en sus cargos a los depuestos. Atilio López sería asesinado por la Triple A el 16 de septiembre.

11 may 1974 Asesinato del sacerdote Carlos Mugica, fundador del Movimiento de Sacerdotes para el Tercer Mundo y del movimiento de Curas villeros, a manos de la Triple A.

1 jul 1974 Muere Juan D. Perón. Le sucede su vicepresidenta y esposa, María Estela Martínez de Perón.

6 sep 1974 Montoneros vuelve a la clandestinidad. Días más tarde, realiza su secuestro más espectacular, el de los hermanos Juan y Jorge Born, principales accionistas del poderoso grupo empresarial Bunge & Born, por el que cobraría un rescate de unos 60 millones de dólares de la época.

1976-1983. Dictadura del "Proceso de Reorganización Nacional"

24 mar 1976 Golpe de Estado contra María E. Martínez de Perón. Asume la Junta de Comandantes encabezada por el dictador Jorge R. Videla. Comienza la aplicación de un plan sistemático de represión ilegal consistente en el secuestro, la tortura y la desaparición de personas, con más de 500 centros clandestinos de detención en todo el país.

29 mar 1981 El Gral. Viola sustituye al Gral. Videla al frente de la Junta de Comandantes de la dictadura.

22 dic 1981 Viola es destituido por la Junta de Comandantes y en su lugar pone a Leopoldo F. Galtieri.

2 abr 1982 Guerra de Malvinas.

14 jun 1982 Rendición argentina en Malvinas.

1 jul 1982 Galtieri es reemplazado por el Gral. Reynaldo Bignone.

22 sep 1982 Ley de 22.924 de la dictadura, conocida como ley de autoamnistía, por la que se exculpaba a todos los involucrados en el terrorismo de Estado por los delitos cometidos durante la dictadura con el pretexto de que había habido una "guerra" en la cual se habían cometido "excesos".

30 oct 1983 Elecciones presidenciales. Raúl Alfonsín (UCR) vence a Ítalo A. Luder, candidato peronista.

1983-1989 Gobierno de Raúl Alfonsín

10 dic 1983 Asunción de la presidencia de Alfonsín.

13 dic 1983 Alfonsín decide enjuiciar a las Juntas Militares de la última dictadura y a las cúpulas guerrilleras de Montoneros y ERP.

22 dic 1983 Alfonsín deroga, como había prometido en campaña y a diferencia del candidato peronista, la ley de autoamnistía de la dictadura.

3 ago 1984 La CGT, liderada por el peronista Saúl Ubaldini, convoca la primera de las 13 huelgas generales que hará bajo el gobierno de Alfonsín

20 sep 1984 Ernesto Sábato, en nombre de la Comisión Nacional sobre la Desaparición de Personas (CONADEP), creada por Alfonsín, le entrega el histórico informe *Nunca Más*, que recoge información sobre la organización y las víctimas del terrorismo de Estado de la última dictadura. Servirá de base para los juicios.

22 abr 1985 Inicio del juicio público a las tres Juntas de la última dictadura.

14 jun 1985 Crisis económica. Lanzamiento del *Plan Austral*.

9 dic 1985 Sentencia del Juicio a las Juntas Militares. Los principales cabecillas (Videla y Massera) son condenados a cadena perpetua.

24 dic 1986 *Ley de Punto Final*, que establece un límite de 60 para presentar denuncias por delitos contra los derechos humanos de la última dictadura.

16/20 abr 1987 Primer levantamiento militar Carapintada.

4 jun 1987 *Ley de Obediencia Debida* que estableció la presunción sin prueba en contrario según la cual los delitos cometidos por los subordinados —salvo el robo de bebés— no eran punibles por limitarse a obedecer las órdenes de sus superiores.

6 sept 1987 El candidato peronista, Antonio Cafiero, gana las elecciones a gobernador de la Provincia de Buenos Aires. Fin de la "primavera alfonsinista".

15 ene 1988 Segundo levantamiento Carapintada.

agosto 1988 Crisis económica. Lanzamiento del Plan Primavera.

1 dic 1988 Tercer levantamiento Carapintada.

6 feb 1989 Inicio de la crisis hiperinflacionaria.

14 may 1989 Carlos Menem, candidato peronista, triunfa en las elecciones presidenciales.

1989-1999. La década menemista

8 jul 1989   Menem asume la presidencia con seis meses de antelación, merced a un acuerdo con Alfonsín, debido a la crisis económica y social.

Ago/sep 1989 Leyes de *Reforma del Estado* y de *Emergencia Económica*, que habilitan el plan de privatizaciones (teléfonos, ferrocarriles, aerolínea nacional, gas, etc.) y de reducción del Estado.

5 abr 1990   Ampliación de la Corte Suprema de Justicia de cinco a nueve miembros para obtener la conocida como "mayoría automática" favorable al gobierno.

Oct-dic1990   Decretos presidenciales que indultan a los jefes militares y guerrilleros condenados por los juicios promovidos por el expresidente Alfonsín.

3 dic 1990   Cuarto levantamiento Carapintada, primero bajo la presidencia de Menem. Tras ser reprimido, el movimiento rebelde queda políticamente terminado.

1 abr 1991   Plan de Convertibilidad del ministro Cavallo, que establece la paridad (1 a 1) del dólar con el peso argentino. Durará once años.

6 ene 1991   Estallido del primero de los numerosos casos de corrupción que acompañaron a toda la década menemista, el conocido como Swiftgate. El embajador norteamericano Terence Todman envió una comunicación al gobierno argentino denunciando un pedido de coima a la empresa Swift, que iba a invertir en la ampliación de su planta. A consecuencia de esto, se produce la renuncia de importantes ministros del gobierno.

14 nov 1993   Pacto de Olivos entre Menem y Alfonsín para reformar la Constitución Nacional y permitir la reelección del presidente a cambio de una atenuación del presidencialismo y la introducción del balotaje.

23 ago 1994   Sanción de la nueva Constitución.

31 ago 1994   Fin Servicio Militar Obligatorio.

14 may 1995   Menem gana las elecciones presidenciales para un nuevo mandato, ahora de cuatro años.

20 jun 1996   Inicios del movimiento piquetero. El fuerte crecimiento del desempleo debido al ajuste y las privatizaciones da lugar a nuevas formas de protesta como los cortes de carreteras que llevan adelante piquetes de antiguos trabajadores estatales de YPF de Neuquén, ahora desocupados, para visibilizar sus demandas.

25 ene 1997   Conmoción nacional por el asesinato del fotoperiodista José Luis Cabezas, quien un año antes había fotografiado al poderoso empresario del sector del transporte, logística y seguridad privada Alfredo Yabrán, cercano al presidente Menem. La foto fue portada en marzo de 1996 de una de las principales revistas políticas del país. Yabrán, que no permitía que lo retrataran, era acusado de usar sus empresas para el narcotráfico y el comercio ilegal de armas, por parte del ministro de economía de Menem, Domingo Cavallo. que afirmaba también que el presidente Menem le otorgaba protección oficial.

2 abr 1997   Inicio de la protesta por más fondos para educación, conocida como "Carpa blanca", en alusión a la tienda colocada frente al Congreso y que duraría unos mil días, hasta diciembre de 1999, cuando alcanzó sus propósitos.

4 ago 1997   Creación de la Alianza para el Trabajo, la Justicia y la Educación, conformada por los dos principales partidos opositores a Menem: la Unión Cívica Radical y el Frente País Solidario.

1999-2003 Fin del menemismo, crisis del 2001 y lenta reconstrucción

24 oct 1999   Elecciones presidenciales. Triunfo de la Alianza para el Trabajo, la Justicia y la Educación. Fernando de la Rúa (UCR), presidente.

10 dic 1999   De la Rúa asume la presidencia en una situación de recesión económica y creciente desocupación. Una de sus promesas clave era mantener la paridad entre peso y dólar inaugurada con la Convertibilidad de 1991.

Ene 2001   Acuerdo con el FMI, que otorga un crédito por 40.000 millones de dólares ("blindaje") a cambio de diversas medidas de ajuste fiscal relativas a jubilaciones, reducción de salarios y reestructuración del Estado. El objetivo era evitar la cesación de pagos de la deuda externa.

Mar 2001   El fracaso del "blindaje" lleva a renuncias y cambios en el ministerio de Economía. Se produce el retorno de Domingo Cavallo, antiguo ministro de Menem y padre de la Convertibilidad.

May 2001   Megacanje de la deuda externa. Se postergan vencimientos para evitar una cesación de pagos inminente. A cambio, aumentaron los intereses y el total de la deuda a pagar a futuro.

Dic 2001   Se restringe la libre disponibilidad de depósitos bancarios ("corralito"). Argentina entra en cesación de pagos por uno de los volúmenes más grandes de deuda (cien mil millones de dólares).

19/20 dic 2001 Estado de sitio desafiado por la protesta social ("cacerolazos"). Crisis de representación ("Que se vayan todos"). Represión ilegal que deja más de treinta muertos en todo el país.

20 dic 2001 Renuncia Fernando de la Rúa. Se suceden cinco presidentes en diez días.

2 ene 2002 La Asamblea Legislativa designa a Eduardo Duhalde (PJ) como presidente interino. Devaluación del peso y fin de la convertibilidad (1 peso = 1 dólar). Gran crisis económica: caída del PBI, inflación, aumento de la pobreza y el desempleo.

26 jun 2002 Asesinato de los piqueteros Maximiliano Kosteki y Darío Santillán durante una represión policial en Avellaneda. La presión social obliga al gobierno a convocar elecciones anticipadas para 2003.

2003-2015: El kirchnerismo

27 abr 2003 Elecciones presidenciales. Menem (24%) gana la primera vuelta pero renuncia a un balotaje en el que saldría perdedor. Néstor Kirchner (22%) obtiene el segundo puesto.

25 may 2003 Néstor Kirchner, presidente. Retorno a una política keynesiana, nacional-popular, de derechos sociales y de relanzamiento de los Derechos Humanos con la derogación de las leyes de Punto Final y de Obediencia Debida. Se promueve el juzgamiento a represores de la dictadura por crímenes de lesa humanidad. Se inicia una etapa de fuerte crecimiento económico (un 8% anual) y redistribución de la riqueza, favorecida por los altos precios de las exportaciones (soja, petróleo, etc.).

19 jun 2003 Reestructuración de la Corte Suprema para recuperar su legitimidad dañada con la "mayoría automática" de la década menemista. Por primera vez, una mujer llega a jueza de la Corte.

Mar 2005 Canje de deuda externa, con quita del 65% del valor nominal. Un año más tarde se cancela la deuda con el Fondo Monetario Internacional (FMI).

28 oct 2007 Triunfo electoral de Cristina Fernández de Kirchner (45%).

10 dic 2007 Cristina Fernández de Kirchner, presidenta. Es la primera mujer elegida como presidenta. Continuación de las políticas de Néstor Kirchner, que deja el gobierno con altos niveles de popularidad. Énfasis en el imaginario nacional-popular, antineoliberal y de derechos humanos.

Mar 2008 Crisis "del campo" entre el gobierno y las patronales agrarias por la suba de retenciones a las exportaciones. Punto de inflexión: nacimiento del "kirchnerismo" como identidad política y de la llamada "grieta" entre kirchneristas y anti-kirchneristas.

28 jun 2008 Duro revés para el gobierno de Cristina Kirchner. El frente opositor Unión-Pro, liderado por el empresario De Narváez, vence en las legislativas de la provincia de Buenos Aires a la lista oficialista, encabezada por Néstor Kirchner.

17 jul 2008 Derrota del kirchnerismo en la crisis "del campo". Ruptura del kirchnerismo con su vicepresidente Julio Cobos (UCR), que desempata en el Senado en favor de las patronales agrarias. Cobos permanece en su cargo, aunque políticamente aislado.

21 jul 2008 Reestatización de Aerolíneas Argentinas, privatizada por Menem.

21 oct 2008   Reestatización del sistema jubilatorio, privatizado por Menem.

10 oct 2009   Ley de *Servicios de Comunicación Audiovisual*, que reemplaza la ley de la dictadura (1980) y regula la concentración mediática. El Grupo Clarín la recurrió ante la justicia y logró frenar durante más de cuatro años su aplicación efectiva. En octubre de 2013, la Corte Suprema falló a favor de la constitucionalidad de la ley, pero el gobierno de Macri en 2015 cambió por decreto la ley y favoreció en definitiva al Grupo Clarín.

29 oct 2009   Decreto 1602/2009 de creación de la *Asignación Universal por Hijo* (AUH), un subsidio mensual por cada hijo menor de 18 años o con discapacidad, destinado a padres que están en la economía informal.

Abr 2010   Lanzamiento del programa *Conectar Igualdad* para distribuir notebooks a estudiantes y docentes en las escuelas públicas.

27 oct 2010   Gran conmoción por la inesperada muerte de Néstor Kirchner (sesenta años), que reconfigura el escenario político nacional y el propio del kirchnerismo.

23 oct 2011   Cristina Fernández de Kirchner triunfa ampliamente en las elecciones presidenciales (54%). Consolidación del kirchnerismo en el marco del giro nacional-popular latinoamericano (Chávez, Evo Morales, Correa, Lula).

Oct 2011   Tras la elección, y para controlar la fuga de capitales, eludir la devaluación y preservar las reservas, el gobierno pone restricciones a la compra de dólares ("cepo cambiario"), provocada por la desconfianza en la marcha de la economía y el contexto internacional de crisis. Genera caída de inversiones, restricciones para las importaciones y mercado paralelo de divisas.

7 may 2012 Ley 26.741, que declara de interés público nacional el autoabastecimiento energético y expropia el 51% de las acciones de YPF S.A. pertenecientes a Repsol. Tras esta reestatización, el gobierno buscó atraer inversiones extranjeras para desarrollar Vaca Muerta. En julio de 2013, YPF firmó un acuerdo estratégico con Chevron, la segunda petrolera más grande de EE. UU, que generó polémica.

9 may 2012 Ley 26.743, de Identidad de Género. Establece el derecho de las personas a ser reconocidas según su género autopercibido, sin mediación judicial, psiquiátrica ni intervenciones médicas obligatorias.

12 jun 2012 Lanzamiento del *Plan Procrear* (Programa Crédito Argentino del Bicentenario para la Vivienda Única Familiar) para facilitar el acceso a la vivienda propia a sectores medios y populares, a través de créditos hipotecarios subsidiados por el Estado.

8 nov 2012 Primera gran manifestación contra el gobierno, apoyada por los partidos opositores y las clases medias urbanas. La protesta se centra en la inflación, la inseguridad, el "cepo cambiario", la corrupción y la posible reforma constitucional para permitir la reelección de Cristina Kirchner.

26 oct 2012 Fallo del juez estadounidense Thomas Griesa que ordena pagar a los "fondos buitre" igual que a los bonistas que habían aceptado los canjes de la deuda. El fallo, que además bloqueó los pagos a los bonistas que sí habían aceptado quitas, fue confirmado por instancias superiores de la justicia norteamericana. Al impedir a la Argentina cumplir con sus compromisos como hasta entonces venía haciendo, el país entró en 2014 en una suerte de cesación de pagos jurídica o parcial. Cristina Fernández rechazó el fallo en nombre de la soberanía nacional.

27 oct 2013 Elecciones legislativas: el oficialismo pierde el quórum propio en Diputados; Sergio Massa, exjefe de gabinete de Cristina Kirchner, derrota al kirchnerismo en la provincia de Buenos Aires.

6 ene 2014 En un contexto de crisis económica se lanza una política de control de precios (Plan Precios Cuidados) para frenar la inflación y proteger el poder adquisitivo.

22 ene 2014 Lanzamiento Programa de Respaldo a Estudiantes de Argentina (Progresar), beca estatal para jóvenes de 18 a 24 años desocupados, que trabajen en la economía informal o ganen menos del salario mínimo. El objetivo es fomentar la finalización de estudios obligatorios, universitarios y de formación profesional.

18 ene 2015 Conmoción nacional al aparecer muerto en el baño de su vivienda con un disparo en la cabeza —sin testigos ni carta de despedida— el fiscal Alberto Nisman, pocas horas antes de presentarse en el Congreso Nacional. Allí tenía que detallar su denuncia contra Cristina Kirchner, el canciller y otros funcionarios por presunto encubrimiento-del atentado contra la AMIA (Asociación Mutual Israelita Argentina) ocurrido en 1994 y que dejó 85 muertos. El hecho intensificó al máximo la división entre kirchneristas, que sostenían que se trataba de un suicidio, y antikirchneristas, que abonaban la hipótesis del asesinato. El hecho aún no ha sido esclarecido (tampoco el atentado a la AMIA).

2015-2019. Fin de la era kirchnerista y gobierno de Mauricio Macri

22 nov 2015 Triunfo de Mauricio Macri en balotaje por estrecho margen (51,3%) ante el candidato designado por Cristina Kirchner, Daniel Scioli, ex vicepresidente de Néstor Kirchner. Scioli, excampeón de motonáutica, había ingresado en la política como "independiente" en 1997 de la mano de Carlos Menem. Hoy participa en el gobierno de Javier Milei.

10 dic 2015 Asunción de Macri como presidente, con la promesa de "pobreza cero", no cambiar lo bueno del kirchnerismo y hacer una política promercado.

17 dic 2015 Levantamiento del "cepo" cambiario. Devaluación del 40%.

Marzo 2016 Acuerdo con los fondos "buitre" para pagar a los bonistas para salir de la cesación de pagos parcial generada por el fallo de Griesa y poder emitir deuda bajo legislación internacional. Comienza un proceso de fuerte endeudamiento externo para financiar el déficit fiscal (5%) sin emitir, cubrir la fuga de capitales y pagar la deuda externa. Entre 2016 y 2018, el Estado argentino (también las provincias y las empresas) emitió deuda externa (bonos en dólares) por más de USD 100.000 millones.

10 may 2017   Masiva protesta contra la aplicación de la ley más benigna (conocida como 2x1: valor doble de cada día de prisión preventiva a partir de los dos años sin sentencia firme) a los condenados por delitos de lesa humanidad por parte de una sentencia de la Corte Suprema, no criticada por el gobierno de Macri. Nunca aplicada, se vio como una señal de impunidad avalada por el gobierno de Macri, quien había hablado del "curro [timo, estafa] de los Derechos Humanos".

22 oct 2017   Respaldo al gobierno en las elecciones legislativas intermedias. Cambiemos gana los principales distritos del país y la históricamente peronista provincia de Buenos Aires.

Dic 2017   El Congreso aprueba una reforma del sistema de jubilaciones impulsado por el gobierno. Genera masivas protestas y violencia represiva. La CGT declara una huelga nacional. El macrismo pasa a la defensiva y no se recuperará hasta el fin del mandato.

Abr-jun 2018   Corrida cambiaria. Fuerte proceso de devaluación del peso, pérdida de reservas y salida de capitales. Subida abrupta del dólar que provoca inflación y pérdida del poder adquisitivo.

Jun 2018   Argentina acuerda con el FMI un préstamo stand-by por 57.000 millones de dólares, el más grande de la historia del organismo, que exige a cambio un ajuste del gasto público. La economía entra en recesión: aumento del desempleo, caída de la actividad y deterioro social.

2019-2023. Retorno del ¿kirchnerismo?, pandemia y colapso político

27 oct 2019 Elecciones presidenciales. Macri pierde la posibilidad de ser reelegido. Triunfo de Alberto Fernán-
dez, ungido por Cristina Fernández de Kirchner,
que ocupa el rol de vicepresidenta.

10 dic 2019 Alberto Fernández asume la presidencia con un
discurso de unión, "anti-grieta" en el marco de
una economía en recesión, alta inflación, deuda y
creciente pobreza.

20 mar 2020 Se decide el confinamiento a raíz de la pandemia
del Covid-19. El gobierno, apoyado masivamen-
te, dispone medidas de ayuda social y económica: el IFE (Ingreso Familiar de Emergencia),
el ATP (Programa de Asistencia al Trabajo y la
Producción para pagar sueldos y proteger a
las empresas afectadas por el aislamiento) y el
congelamiento de tarifas. Antes de fin de año se
inicia la vacunación masiva.

Ago 2020 Acuerdo con el FMI para refinanciar la deuda de
unos USD 44.500 millones contraída en 2018.
Se extienden los plazos de pago y se reducen los
intereses, pero no hay quita de deuda y se exige
reducir el déficit fiscal y "reformas estructurales"
promercado. Generó un quiebre interno con el
kirchnerismo, encabezado por Cristina Kirchner
y su hijo, Máximo Kirchner, que más adelante
renunció como jefe del bloque de diputados del
Frente de Todos.

Nov 2021 El oficialismo es derrotado en las legislativas
intermedias

11 ago 2021 Se viraliza una foto que muestra al presidente Alberto Fernández en la fiesta de cumpleaños de su esposa celebrada en la Residencia presidencial, rodeado de amigos, el 14 de julio del 2020, cuando en Argentina regía una cuarentena estricta impuesta por el propio Presidente y que ya empezaba a despertar protestas. El hecho y, si cabe, las torpes disculpas del presidente, lo dejan sin legitimidad política alguna.

Mar 2022 Nuevo acuerdo con el FMI para refinanciar la deuda externa.

2 jul 2022 Renuncia imprevista el ministro de economía, Martín Guzmán, por disidencias internas con el kirchnerismo, que lo criticaba por el acuerdo con el FMI. Se disparan el dólar paralelo y la inflación, que supera el 94% anual (la más alta en 30 años).

1 sep 2022 Conmoción por el atentado fallido contra Cristina Fernández de Kirchner. En la puerta de su domicilio, mientras saluda a sus simpatizantes, la expresidenta es apuntada con un arma por un hombre camuflado entre los militantes. Éste gatilla varias veces el revolver junto a la cabeza de la expresidenta pero el disparo no sale. Importantes dirigentes de la oposición no condenan el atentado. Se producen movilizaciones en medio de sospechas de conexiones entre los que atentaron y algunos dirigentes opositores. El hecho continúa sin esclarecerse.

21 abr 2023 En el contexto de una situación descontrolada, con una inflación del 108,8% interanual, Alberto Fernández anuncia que no se presentará a la reelección. Cristina Kirchner, abiertamente peleada con el presidente, impulsa a Sergio Massa como candidato para 2023 y lo sitúa como ministro de economía y virtual presidente en funciones.

Nov-Dic 2023 Massa gana la primera vuelta pero pierde en el balotaje con Javier Milei (La Libertad Avanza), un economista hace muy poco desconocido y sin trayectoria política, que para sorpresa de muchos se convierte en presidente de la República.

La lógica de lo político

Como habrá notado el lector, nuestro análisis remite de modo recurrente al concepto de lo político. Aunque a través de esas referencias se van desgranando algunos de sus rasgos, creemos pertinente reunirlos aquí de modo sintético[51].

Al hablar de una *lógica* de lo político hacemos referencia a una serie de características que no se eligen, sino que —según nuestra interpretación, deudora de autores como Maquiavelo, Schmitt, Weber, Sorel y Laclau— se le presentan a todo aquel que se involucre en lo político. Entre ellas:

1) Lo político es sobre todo una forma, no un contenido.

---

51 Para un desarrollo más extenso de la noción de la lógica de lo político, puede verse: Franzé, J., "La primacía de lo político. Crítica de la hegemonía como administración", en I. Wences (ed.): *Tomando en serio la Teoría Política,* Madrid, Centro de Estudios Políticos y Constitucionales, 2015, pp. 141-172. Disponible en https:// www.academia.edu/16516750/_La_primac%C3%ADa_de_lo_ pol%C3%ADtico_Cr%C3%ADtica_de_la_hegemon%C3%ADa_como_ administraci%C3%B3n_en_Isabel_Wences_ed_Tomando_en_se- rio_la_Teor%C3%ADa_Pol%C3%ADtica_Madrid_Centro_de_Estu- dios_Pol%C3%ADticos_y_Constitucionales_2015_pp_141_172

2) Se caracteriza no tanto por los fines que se persiguen, como la tradición occidental nos ha enseñado a pensar —"el fin de la política es el bien común"—, sino por los medios con que actúa (violencia legítima). Por eso es una forma y no un contenido. Los fines de lo político son diversos e infinitos y ninguno es más propio o consustancial que otro a lo político. En cambio, cualquiera sea el fin que se persiga, para hacerse efectivo tendrá que venir respaldado, en última instancia, por la violencia legítima. Dicho rápido: la ley sin el respaldo de la fuerza legítima como último recurso es papel mojado.

3) Lo político es la construcción de un orden comunitario, lo cual incluye la construcción de sus actores —sea cual fuere su contenido—, más que la gestión de intereses dados de antemano. Lo político es la única actividad social que toma decisiones generales obligatorias para todos los miembros de la comunidad. Por eso, a diferencia de una asociación privada o civil, es permanente e ineludible. Ese orden reposa fundamentalmente en la creencia de sus miembros, no en el acatamiento de una verdad trascendente, ni en la coacción de la fuerza desnuda. Por eso lo político descansa en la persuasión, y no sólo en democracia, aunque sobre todo en democracia.

4) Lo político está sometido a lo contingente, precisamente porque no hay un orden esencial, universal, verdadero, situado por encima de las cosmovisiones particulares en pugna. Lo político es, precisamente, esa lucha por darle sentido al mundo. Por eso lo político es un arte, en tanto requiere imaginación, creatividad, inventiva y voluntad de poder. Crear un orden requiere persuadir a los demás de que nuestros valores son valiosos y excluir los significados incompatibles con ellos (tal como hacen las democracias con los autoritarismos, por ejemplo).

5) Si lo político consiste en esa lógica, forma o dinámica ineludible que caracteriza a la lucha por el sentido, la política es la cristalización histórica de esos distintos sentidos. Si lo político es la forma a la que se ve sometida la lucha por configurar y reconfigurar un orden, la política son los distintos contenidos de los órdenes históricos hegemónicos resultantes de esa lucha (democracia liberal representativa capitalista, fascismo, comunismo soviético, dictaduras, etc.). Lo político es, así, la lucha por hacer probable lo posible. La política sería el contenido de lo considerado probable y posible. Negar que haya algo posible o, dicho de otro modo, afirmar que algo es imposible, es la despolitización.

6) Aunque la política no es un ámbito propio y delimitado, como suele pensarse que es el Estado, tampoco todo es inmediatamente político. Es político cualquier elemento o acontecimiento que adquiera una intensidad (como intensión y como alcance) capaz de afectar el modo de vida de la comunidad.

7) Lo político obliga a negociar con el Mal, pues no hay manera de conseguir un Bien sin resignar algo. La lógica de lo político lleva en su corazón el hacer un mal menor para evitar el mal mayor (o conseguir un bien menor, si queremos ser optimistas). Resignar no es ausencia de principios, no revela un fingimiento. Representa, por el contrario, no sólo una lealtad a nuestros valores, sino un

reconocimiento de la pluralidad de fines existentes, que legítimamente ofrecen resistencia a nuestra acción en pos de nuestros valores. Todos los fines y actores son igual de políticos que nosotros. No hay acción pura, ni impoluta. Quien quiera conseguir algo, deberá mancharse las manos. La evaluación de cuánto mal se puede conceder para conseguir lo que consideramos un bien no tiene medida precisa, ni forma de resolverse. Es, como lo político, una apuesta, un acto de fe en un mundo incierto.

Para seguir leyendo

Esta selección bibliográfica está organizada cronológicamente, del peronismo clásico al kirchnerismo y, a la vez, dentro de cada bloque temático, de lo más general a lo más específico y particular. De este modo, si el lector quisiera, por ejemplo, saber más sobre lo principal de cada época, debería empezar por los primeros libros de cada bloque temático. El último bloque —para cerrar con otro homenaje a Borges— rompe estos criterios clasificatorios y presenta estudios generales sobre el peronismo.

El peronismo clásico (1943-1955)

Luna, F., *Perón y su tiempo*, Buenos Aires: Sudamericana, 2013 [1984].

Waldmann, P., *El peronismo 1943-1955*, Buenos Aires: Hyspamerica, 1985 [1974].

Torre, J. C. (editor), *Los años peronistas (1943–1955)*, Nueva Historia Argentina, vol. VIII, Buenos Aires: Sudamericana, 2002.

Luna, F., *El 45*, Buenos Aires: Sudamericana, 2021 [1963].

Torre, J.C. (comp.), *El 17 de Octubre de 1945,* Buenos Aires: Ariel, 1995.

Nállim, J. A., *Las raíces del antiperonismo. Orígenes históricos e ideológicos*, Buenos Aires: Capital Intelectual, 2014.

García Sebastiani, M., *Los antiperonistas en la Argentina peronista. Radicales y socialistas en la política argentina entre 1943 y 1951*, Buenos Aires: Prometeo, 2005.

Pizzorno, P., *Los partidos antiperonistas: Del antifascismo a la conspiración (1943–1955)*, Buenos Aires: Imago Mundi, 2025.

Perón, J. D., *La comunidad organizada*, Rosario: UNR Editora, 2019 [1949].

Germani, G., "La integración de las masas a la vida política y el totalitarismo", en *Política y sociedad en una época de transición,* Buenos Aires: Paidós, 1962 [1956], pp. 326-353.

Murmis, M. y Portantiero, J.C., "El movimiento obrero en los orígenes del peronismo", en *Estudios sobre los orígenes del peronismo,* Buenos Aires: Siglo XXI, 1987 [1971], pp. 59-129.

del Campo, H., *Sindicalismo y peronismo. Los comienzos de un vínculo perdurable,* Buenos Aires: Siglo XXI, 2005.

Torre, J. C., *La vieja guardia sindical y Perón. Sobre los orígenes del peronismo*, Buenos Aires: EDUNTREF, 2006.

Torre, J.C., *Ensayos sobre movimiento obrero y peronismo*. Buenos Aires: Siglo XXI, 2012.

Macor, D. y Tcach, (eds.), *La invención del peronismo en el interior del país,* Santa Fe: UNL, 2003.

Aelo, Oscar H., *El peronismo en la Provincia de Buenos Aires 1946-1955,* Caseros: EDUNTREF, 2012.

Caimari, L. M., *Perón y la Iglesia Católica. Religión, Estado y sociedad en la Argentina (1943-1955)*, Buenos Aires: Ariel, 1994.

Mackinnon, M., *Los años formativos del Partido Peronista*, Buenos Aires: Instituto Di Tella-Siglo XXI, 2002.

Senén González, S., *Laborismo. El partido de los trabajadores,* Buenos Aires: Capital Intelectual, 2014.

Indij, G. (ed.), *Perón mediante. Gráfica peronista del período clásico*, Buenos Aires: La Marca Editora, 2006.

Plotkin, M. B., *Mañana es San Perón. Propaganda, rituales políticos y educación en el régimen peronista (1946–1955)*, Buenos Aires: Editorial Ariel, 1993.

Gené, M.M., *Un mundo feliz. Imágenes de los trabajadores en el primer peronismo 1946-1955*, Buenos Aires: Fondo de Cultura Económica-Universidad San Andrés, 2005.

Lida, M. y López, I. A., (comps.), *Un golpe decisivo. La dictadura de 1943 y el lugar de Juan Domingo Perón,* Buenos Aires: Edhasa, 2023.

Navarro, M., *Evita*, Buenos Aires: Editorial Planeta, 1994 [1976].

Neiburg, F., *Los intelectuales y la invención del peronismo: Estudio de antropología social y cultural*. Buenos Aires: Alianza Editorial, 1998.

Golpe de 1955 y los años de proscripción (1955-1972)

Ruiz Moreno, I. J., *La revolución del 55. Dictadura y conspiración*, Buenos Aires: Emecé Editores, 1994, 2 vols.

Spinelli, M. E., *Los vencedores vencidos. El antiperonismo y la "revolución libertadora"*, Buenos Aires: Editorial Biblos, 2005.

James, D., *Resistencia e integración. El peronismo y la clase trabajadora argentina, 1946–1976*, Buenos Aires: Siglo XXI, 2010.

Gillespie, R., *Soldados de Perón: Los Montoneros*, Buenos Aires: Sudamericana, 2008 [1987].

Lanusse, L., *Montoneros. El mito de sus 12 fundadores*, Buenos Aires: Vergara, 2007.

Sigal, S. y Verón, E., *Perón o muerte. Los fundamentos discursivos del fenómeno peronista*, Buenos Aires: Eudeba, 2014 [1986].

Abal Medina, J.M., *Conocer a Perón. Destierro y Regreso*, Buenos Aires: Planeta, 2022.

El tercer gobierno peronista (1973-1976)

Bonasso, M., *Cámpora. El presidente que no fue*, Buenos Aires: Editorial Planeta, 1997.

Di Tella, G., *Perón-Perón. 1973–1976*. Buenos Aires: Sudamericana, 1983.

Franco, M., *Un enemigo para la nación. Orden interno, violencia y "subversión", 1973-1976*, Buenos Aires: Fondo de Cultura Económica, 2012.

Menemismo (1989-1999)

Novaro, M. y Palermo, V., *Política y poder en el gobierno de Menem*, Buenos Aires: Grupo Editorial Norma, 1996.

Souroujón, G., *El peronismo vuelve a enamorar. La articulación de un imaginario político durante el gobierno de Menem*, Rosario: Homo Sapiens, 2014.

Kirchnerismo (2003-2015)

Pucciarelli, A. y Castellani, A. (eds.), *Los años del kirchnerismo: La disputa hegemónica tras la crisis del orden neoliberal,* Buenos Aires: Siglo XXI Editores, 2017.

Levey, C., Ozarow, D. y Wylde, C. (comps.), *De la crisis de 2001 al kirchnerismo: cambios y continuidades*, Buenos Aires: Prometeo Libros, 2015.

Estudios generales sobre el peronismo

Page, J. A., *Perón. Una biografía*, Buenos Aires: Editorial Javier Vergara, 1984, 2 vols.

Altamirano, C., *Bajo el signo de las masas (1943-1973),* Buenos Aires: Ariel, 2001.

Halperín Donghi, T., *La larga agonía de la Argentina peronista*, Buenos Aires: Editorial Ariel, 1994.

Acha, O. y Quiroga, N., *El hecho maldito. Conversaciones para otra historia del peronismo*, Rosario: Prohistoria, 2012.